你是獨一無二，美好且可愛的存在

40篇尋愛旅程中，遇見自己的勇氣練習。

Queenie Kao

——著

Contents 目錄

CHAPTER 3

那些在愛裡，總是還沒看見的盲點

CHAPTER 4

一次次的告別，我們學會如何愛

作者序

親愛的，希望你活成自己靈魂最嚮往、最獨一無二的樣子。

不知道你是從什麼時期、什麼地方開始認識我的呢？或是你現在才剛好拿起這本書，那說明我們很有緣。

在我的生命歷程中，經營網路自媒體有一段滿長的時間，從少女時期開始拍平面雜誌、到網拍模特兒、一路走到內容創作者，曾經覺得只要很努力的愛自己、做自己、綻放自己，就能活成一個漂亮又發光的樣子，愛情與事業都是一片坦途。

但沒有發現，其實過去的「愛自己」，只是深深地活在別人的眼中，用社會既有的看法將自己洗腦，經常恐懼自己是否不夠優秀、也會感到無力又迷惘，即便我有絕佳的隱藏能力，盡量活成大眾標準的完美模樣，卻仍無法躲避兩年前那段命運的安排。

兩年前，我在IG上分享被求婚的過程。

從交往相戀，到請大家幫我選婚紗、各種婚前準備與討論，在社群上收到大量的愛心和祝福。

當時，我過著富足且多采多姿的生活，時常出國旅遊、學習畫畫、插花，身邊圍繞著愛我的人，有個非常疼愛我的男友。我對一切都感到十分滿意，認為人生至此，應該就是所謂的幸福吧！

可是後來，埋藏在冰山底下的不安與不確定，依舊浮了上來。

在婚期將近的日子，我決定不結婚了。

那些「正確的」、「安逸的」、「彼此沒有共鳴」的關係，不是真實的我所想要，我只是努力在扮演一個幸福快樂的人設，把自己活成一具沒有靈魂的傀儡。毅然下了決定，展開深度探索自己的生命旅程。

這兩年，踏上冒險的路走得並不順遂，我像是在黑森林中迷路的小女孩，歷經了靈魂的暗夜，手中燈籠裡的光忽明忽滅。獨自面對恐懼、不安、失重摔落的不安全感，反覆擊退焦慮與迷惘，困在布滿迷霧的迷宮中，不斷撞牆，也繞了很久。

終於，我看到出口微微的亮光，走了出來；也終於，我找到將一切經歷書寫出來的勇氣。

這本書，有許多對於愛的重新理解，自我剖析、醒悟後的省思、對原生家庭影響的接納與和解，以及在關係中我們都得面對的種種試煉。

假如現在的你，
不知道該不該踏入婚姻，不確定自己在愛情裡想要的是什麼？
不知道如何維護關係，總覺得每段感情都像鬼打牆，無法被理解。
不知道自己是否有愛的能力，擔心一輩子遇不到真愛，孤獨終老？

假如你現在還找不到自己真實的模樣，時常在深夜裡失眠，希望這本書可以陪著你，一起向內解謎。

許多關係中的痛苦，來自於對自我的認知不夠清晰，心中藏著尚未痊癒的創傷。無論活到幾歲，內在的小女孩如果沒有被溫柔看見與療癒，耐心的陪伴她成長，那麼我們都仍是那個假裝長大的孩子，一直渴求被愛、被關注，無法真實綻放生命應有的光，也會遺忘自己那可愛鮮活的生命力。

我在這段學習愛的朝聖者之途，重重的摔了一次大跤。這一摔，讓我痛到了解不能再自以為是，了解到自我為中心並不是愛自己，強迫自己直視內在的我到底發生了什麼事。必須學會謙卑，學會與孤獨共處，學會真正的愛人與被愛。

不再因爲需求沒被滿足，而在感情中受困一蹶不振；或是相愛相殺，錯把虐戀當眞愛。

社群經營久了，常覺得隔著螢幕前的你們都像雲端閨密一樣，大家彼此陪伴、各自經歷不同的人生，然後藉由文字產生共鳴與連結，這是一件既溫暖又可愛的事。希望這本書不只是單純的陪伴，而能帶領著大家面對生命中曾經過過的毀滅式愛情，在感情裡受傷沒什麼大不了，那些痛苦或不甘心都將成為使我們更強大的養分，關係的結束、衰亡，是自我重生與蛻變的最好契機，這個過程就像是煉金術，轉化過後的雜質與泥沙，有著珍貴且值得收藏一輩子的寶藏。

願，無論婚與不婚、有伴侶還是單身，我們都能從關係這面鏡子，找到勇敢繼續也有勇敢放手的能力，活出靈魂最嚮往的樣子。

我愛你們。

Queenie Kao

CHAPTER 1

在尋愛的路上，願我們都勇敢無畏

生命是道長河，
誰也無法在河中靜止不動，
若忽略了一同攜手成長的意識，
那麼將會無法抵抗流水的沖刷，
將彼此沖散。

｜溫柔導讀｜

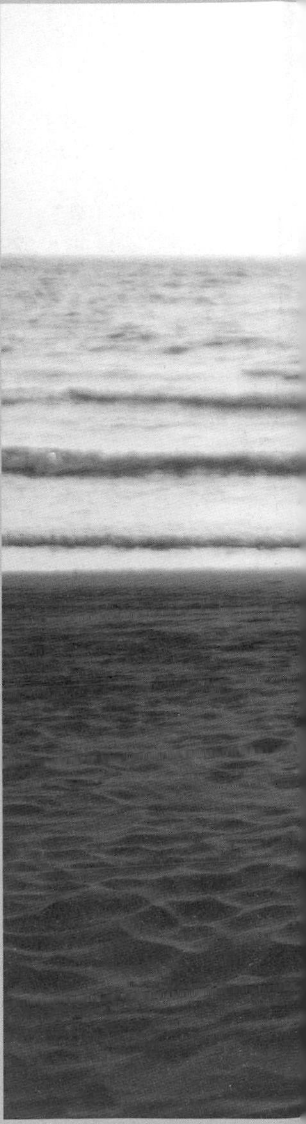

01 敢要，也敢不要

「一段關係走向終結，不是因爲沒有愛，
而是彼此對愛的方式與被愛的需求不一樣。」

「婚禮是什麼時候！」

「妳會辦在海外對不對？好期待，記得提早先說喔。」

「妳是想要小孩的對嗎，那現在可以先開始了！」

當時，在社群上發布了要結婚的消息，便陸續收到許多朋友們關心的訊息。面對這些話，我努力控制好笑容的弧度，不露出尷尬，因為我其實真的不知道，這些到底是不是我想要的。

這個不確定的念頭，不能隨便說出口，只能藏在心中。一來，是因為說出來大家肯定會充滿疑問；二來，我一向不習慣分享太多迷惘與焦慮，認為這是自己的事，應該由自己面對。

隨著婚期越來越近，為了解謎，我決定開始找線索。首先，訪問身邊的姊妹開始，問問她們在婚姻中有沒有經歷過類似的迷惘與糾結，後來又是如何安放焦慮、幸福奔向婚姻，也許能從中找出自己糾結的點。

我在心中擬定了大致的訪綱，內容包括了：「為什麼妳會決定要嫁給他」、「妳怎麼確定這是想走一輩子的人？」、「妳當時有猶豫不定嗎？還是感到無比確定？」、「妳現在幸福嗎？」

經過一番追問，我得到了各式各樣的答案。因為有安全感、因為他很負責任、很照顧家人、是適合結婚的對象、現在不結婚就太晚了等。無論是哪一種原因，大家都會不約而同補上一句：「反正結婚需要一個衝動，不用想太多。」

幸好，當時身旁也有像勇者般逃過婚的叛逆姐妹，氣定神閒的說：「妳要想清楚，有猶豫的話就不要勉強，結婚這件事情不能將就。我當時和前任連房子都買好了，還是覺得不行，他不是我想一起過下半輩子的人，如果不是這樣，現在就遇不到我老公。」

帶著持續的焦慮與不確定的飄渺感，努力將自己內心抽絲剝繭，並收集身邊姐妹的各路建議，終於找到不對勁的根源。

那是一個天氣晴朗的明媚下午，我和他前往婚攝紀錄影像工作室，進行婚禮新人出場影片的拍攝企劃討論。

導演說：「接下來，要做一個小訪談，方便我們寫腳本與分鏡，以及讓團隊可以有更多的靈感發想。Queenie妳喜歡妳先生的原因，可以跟我們分享嗎？」

「好，沒問題。嗯，主要是我覺得他是一個很善良的人，而且他真的很疼我。」我邊說邊拿出手機，點開備忘錄。

備忘錄裡的置頂，建立了一個標題，名稱是「很疼記錄」。當初會創建的原因，是想要讓自己莫忘初衷，記得對方一路付出的大大小小事情，記得那些珍惜，不能當成理所當然。團隊聽了都覺得很感動，認同的點點頭。

「那你喜歡Queenie什麼？」導演期待的看向他。

「沒什麼原因，因為她是我的菜。」

「還有其他原因嗎？試著多說一點？」

「可能就是人漂亮，聲音好聽，家教很好。」

現場瀰漫了一股尷尬的氣氛，婚攝導演也匆匆結束了這部分話題。

生命裡總會有一些時刻，像是走著走著撞到頭，很痛，然後你會有點氣自己，怎麼一直低頭滑手機，沒有抬頭看到其實顯而易見的障礙物。

結束會議後，離開現場，我問他：「你覺得我們真的適合結婚嗎？」

他說：「適合呀，我只是沒有妳會講話。」

「沒關係，其實不是會不會講話的問題，我沒有在生氣。我只是，好像知道了為什麼我會感到孤單的原因。不是因為遠距離，而是一直以來，我們兩人的心都無法交流，也許透過彼此不放棄的包容和努力有曾經拉近過，但很難強求，我們都沒有錯。」

他的述情障礙與逃避溝通，雖然可以理解是性格使然，但仍時常讓我感受到彼此像是活在不同時空的人，當我遇到需要被好好理解的任何時刻，他總是用無言以對的當機狀態來回應。時間一久，累積了各種無力與疲憊，等到發現時，才驚覺彼此內在的距離越來越遠。

常聽人家經歷婚內失戀，我遇到的卻是婚前失戀。

◇◇◇

有一種狀況，是對方一切都很好，對妳也很好，好到讓妳感動，生活上的一切有他照顧便覺得無比安心、舒適。一切硬性條件下，這個人就是大家眼裡「疼妳的好人」，這樣的人是一個讓人安心的陪伴者，但妳內心仍感到孤獨，因為只有自己知道，就算經歷了重重努力，彼此的內在仍是平行的。

「妳知道嗎，這種人最適合結婚了，很難找耶，至少不忠的機率低很多。」原來也有人是這樣分析著。才發現，每個人在親密關係裡的需求、對愛的理解都是天差地遠，其中大致可以分為三種不一樣的層次：

第一種，「身」的層次。是屬於物質與現實面的需求，只要對方願意一直付出與奉獻，把伴侶的一切擺在優先，那麼，兩個人就算無話可說，興趣八竿子打不著，相處時各過各的，但只要陪伴在彼此身邊的氛圍是舒適的即可。這是平淡的、穩定的愛。在他們心中，陪伴也是一種長情的告白。

第二種，「心」的層次。屬於情緒與內在感受層，對方能不能懂你，彼此的理解程度與溝通能力在這一層就很重要了。雙方在心理上能否給出踏實溫暖與支持、你們能否感受到彼此的喜怒哀樂、有爭執時願意解決不擺爛、就算距離遙遠也不會感到孤單。因為你知道兩人的心緊緊相繫，這是一種幸福的愛。

第三種，就是「靈魂」層次了。是一種比較難相遇的層次，也是大家常說的靈魂伴侶，排除其他因素後，這個人能不能讓你們彼此在生命中，無論遇到什麼困難，都願意一起突破與成長，就算彼此擁有各自的觀點，但總能互相交換意見和找到共鳴。**雙方都欣賞著對方身上的亮點，能感受到一種超越言語形容的富足，以及非對方不可以的堅定。**

兩個人在這三層關係裡也並非恆定，就算是第一種，也有機會透過一起成長改變，進階到第二種。即便是第三種，也可能因為彼此都過於主觀或自我，極限拉扯下，反而讓關係無法好好延續，兩人是成長了，但最後卻變成陌生人。

◇◇◇

相愛容易相處難，是真的。但我想說的是，我不認為這些選擇有絕對的好或壞，但走到步入婚姻的階段，需要靜下心來，聽聽心中真正的聲音與答案是什麼，因為這件事並不是別人說了算。

而我終於願意誠實面對自己。因為我還不清楚自己最想要的究竟是什麼，只知道我不想在思考清楚前，糊里糊塗的照著別人的劇本走。回頭檢視三年多的感情，我們走過了遠距離、走過了世界各地、走過了許多日常與節日、走過了很多的開心與不開心，卻走不進彼此的靈魂裡。

「我們都不快樂了，對不對？」

很多時候，一段關係走向終結，不是因為沒有愛，而是因為我們總要在經歷過後，才終於認清彼此對愛的方式和被愛的需求不一樣。

假使走到這一步，經過努力還是突破不了，最好的方式就是放手。而非因為自己的恐懼、習慣了對方的照顧與好，緊抓著不放。如果你珍惜對方，便會真誠地希望對方能遇見讓他真正感到舒適的關係，不會自私地拉著他停在原地。

愛的時候敢全然投入去愛，發現不適合的時候，也要敢於作出決斷。敢要也敢不要，才是對感情的不愧對。

悄悄話

寫在兩年後的此刻，心境成長了許多，回憶當時場景，我已經理解到關係中許多「不對勁的卡」，往往不是來自伴侶如何對你，有沒有懂你，而是與彼此對自身的覺察力、該如何面對負責與承擔的人生課題有關。

我也會在後面內容分享更多這些日子裡，我如何「學習理解自己」、「學習愛人」、「學習真正愛自己」的各種領悟與探索，走，帶妳們去看看，一起走一遭這個迷宮與迷霧吧！

02

不結婚就是把好牌打爛了嗎？

「結婚，是爲了找到眞正的幸福，
而不是逃避孤獨或對世俗的妥協。」

「Queenie 妳聽我一句勸，雖然妳不結婚的決定真的很猛、很勇敢，但那是因為妳還年輕吧？記得，千萬不要把自己一手好牌打壞了。」

出席某次精品活動，遇到的一位年近四十的姊姊 S，剛看到我在社群上發布決定不結婚的消息，她以過來人的身分，語重心長的和我說了這句話。

S有著保養得宜的身材和外表，光鮮亮麗的工作與專業，有著接不完的案子，還有一位相戀多年的穩定男友，唯一常聽她聊著人生中感到迷茫與焦慮的點，就是對方不想步入婚姻，不給她一個「名分」。

聽到這樣的話，我內心其實感到很驚訝。我問她：「妳覺得不幸福嗎？妳在我眼裡既美麗又優秀，擁有了許多美好的一切與價值。」

她搖搖頭，告訴我：「女人不管其他方面再怎麼有成就，只要到了一個年紀還沒有結婚，或是對方不願意娶，那麼這個人在社會上其他人的眼中，就會覺得她肯定有問題，她是一個失敗者。我就是年輕時太挑三揀四，以為可以遇到更好的對象，怎知道就像海邊撿貝殼一樣，最終也沒辦法回頭。」

「妳知道女人年紀一到，在婚戀市場上會變得多沒有價值嗎？條件好的男生，想找的對象是年輕漂亮的、子宮健康能生育的，一旦年紀大了，就會喪失一切的競爭力。」

真的嗎？我瞪大雙眼，面對這些夾帶滿滿恐懼與自我威嚇的發言，更多的是震驚。原以為二〇二三年的現在，這樣的觀念已不再是主流，一個女人若要被世俗定義為「成功」，「婚姻」這個選項仍然必須打勾嗎？

我繼續好奇反問：「所以，如果表面風光看似嫁得很好，但其實私下老公瘋狂劈腿，這樣也算成功嗎？」

S毫不遲疑地點頭，繼續說：「當然，至少她是有『歸宿』的。」

我仍不死心，努力想找到想法上的一點交集。我說：「但女人如果有能力把自己照顧好，事業也經營得有聲有色，日子過得富足滋潤，不也是一種幸福？」

「不，妳記得有個女明星XXX吧？她也很有錢，人前過得很開心，但最後的結局卻是孤獨的死在自己的房子裡，多可怕。」S在敘述這些故事時，語速越來越快，我彷彿能感受到那份恐懼焦慮帶來的壓迫，在空氣裡蔓延著，令人有些窒息、喘不過氣。

與她聊完後，我深吸了一口氣思考著，我相信她提供的建議絕對出自真心，因為她也用了她認為「應該」和「正確」的婚姻達標選項綁架自己，自然會將這些價值觀分享給周圍的人。

也許這正是許多人覺得到了適婚年齡就應該結婚，才能「跟大家一樣」，為了不讓自己變成團體中的邊緣人，不管想要的是什麼，不管自己是否適合婚姻，就直直地像盲從的羊群們，朝著同一個方向奔去。

不結婚，真的悲慘嗎？

為什麼女人手中的「好牌」，總是脫離不了「青春」、「年齡」、「結婚」？為什麼我們會想要追求他人眼中的「正確活法」，而非自己真正感受到幸福踏實的選項呢？追求到了那份「正確」，會得到什麼獎勵嗎？幸福，難道需要遵照大眾標準嗎？

過去，我也曾無意識地遵從世俗定義準則，希望自己在正確的年紀結婚、嫁得好，符合令人羨慕的「幸福樣本」，卻從未認真思考過那些想法是否真的出自於內心，或只是被集體催眠，認為非這麼做不可。過去在社會氛圍與社群媒體的宣揚下，不斷輸出的成功學或婚戀祕笈都鼓勵我們追尋與大家相似的幸福，但如今隨著女性意識的覺醒，已經越來越不適切。

幸福並不是隨波逐流的活著，跟隨著被定義好的模組走。真正的幸福，是傾聽自己的內心，掌握在自己手上，由自己定義。

沒結婚、獨自結束一生的女星，本人覺得孤單悲傷嗎？社會定義女人的幸福，不該只有一種模版。我的腦中充滿了疑惑，這個世界怎能用一刀切斷的二分法，定義如此重要的事。此刻，不禁讓我想到之前網路上流傳著「孤獨的評量測驗」，一個人吃飯、一個人看電影的各種「孤獨」評分。一個人吃飯，不能是幸福又享受的嗎？這些焦慮與恐懼究竟是誰給予的？

結婚，是為了找到眞正的幸福，而不是逃避孤獨或對世俗的妥協。我希望遇到那個就算知道婚姻中有許多艱難，但彼此仍願意攜手共同面對的人。**願婚姻是一場有趣的結伴旅行，不是別人眼中的豪華酒席。**

曾看過一段話：「世界上最可怕的，不是孤獨終老，而是與讓自己孤獨的人終老一生。」無論哪一種選項或活法，我們手中的「好牌」永遠不該因年紀而受到侷限。於是，我決定不受恐懼控制，繼續走自己的路，踏上覺察之旅，不管什麼時刻，都願自己勇敢。

悄悄話

年齡與臉上的膠原蛋白並不是女性唯一的好牌，我認爲隨著時間遞增的優勢，應該還有以下這些點：

1.外貌，越來越溫柔從容與堅定，是年輕時模仿不來的氣質。

2.心態，隨著閱歷的豐富，內心越來越平靜與坦然，能散發出一種美好通透的氣息。

3.在工作上，精準的了解自己的優勢與劣勢，逐漸站穩腳步，比年輕時更加具有自信。

4.在關係中，更懂得愛自己與愛人，遇事不慌忙，能用舒適且成熟的方式面對親密關係。

時光，是一份禮物，差別在於我們願不願意發現其中的寶藏。

03 女性是被傳統思維嚇大的

「不迷失在他人的期待下，
學會爲自己而活，活成自己想要的樣子。」

週末回家陪家人吃飯時，剛好親戚阿姨來訪，於是媽媽、阿姨、我，三個女人開啟了一段跨世代對婚姻想法的對話，當然還有避不掉的靈魂拷問。

阿姨開門見山說道：「最近有沒有人追妳啊？上次那個姓X的呢？還有繼續聯絡嗎？現在交往的人不能再胡鬧耶，妳已經有點年紀了，要交往可以認真走到結婚的！還有那個誰，他現在交女友了沒？人家之前多疼妳啊！他明明不錯啊！」

面對這些提問，我發現有個最好的回應方式，就是把問題丟回去，反問。我以調皮的語氣說道：「怎麼會沒人追，只有看我要不要吧？急著結婚也不一定好啊，要結可能很多人都想娶我。所以，妳們覺得嫁給一個不是很喜歡的人也可以嗎？只要對方能夠在現實生活中妥善照顧妳？」

發現上一輩的人，或者其實是這個社會過去代代相傳的集體意識中，仍存在的根深蒂固觀念是：「女人必須結婚生子人生才有保障，『有伴』這個前提比什麼都重要，不然就會變得孤苦無依，人生灰暗，越老越掉價。」

當我們深入分析這個心態的底層邏輯時，不難看見傳統女性面對孤獨的無力感，不相信自己可以活出幸福，於是認為生命必須要依靠婚姻、及另一個人的照顧才能「完整」，而非是靠自己長出力量。

寧願妥協、寧願將就，甚至寧願將真實的生命力埋葬，只求可以順利找到另一半，步入婚姻、組建家庭，彷彿生命的一切課題就會迎刃而解。無論是過度討好付出，等待對方兌現承諾；或是鑽研戀愛心法，想站在高位掌控男人，都是源自於內在受到傳統思維影響的恐懼，於是將焦點放在過度關注「如何被愛，怎樣才能找到一個好對象。」

這份「不完整」、「我必須被無條件愛著」的迷思，讓大家在不知不覺中深信自己沒有力量，是需要被保護與照顧的，需要藉由被另一個人深愛，而這個人還得徹底宣示保證不變心，我們才能擁有安全感。**而「安全感」卻是無論如何向外索討，都不會眞正屬於自己。**

回到前面的問題，那麼在媽媽與阿姨的眼中，應該嫁給什麼樣的人才會幸福呢？得到的答案是：「當然要找一個愛妳比較多、願意疼妳的人，這樣人生才會輕鬆。」

聽到這裡不禁一笑，在那個瞬間，似乎找到我在成長路上總是不停驗證對方是否愛我、計算著誰願意付出多少的真正原因了。原生家庭建構了我們內心最初的「自我意識」設定，以及看待世界與關係的方式。從小，我被灌輸了「女生理所當然要被寵溺，女生是公主，是不需付出的」、「人家是女生耶」不是玩笑話，是我過去真心奉行的信仰。

在意對方是否有滿足我的各種期待，特殊節日有儀式感嗎？有給予足夠的安全感嗎？當對方再也無法忍受、疲憊不堪的收回疼愛，或減少了我認為可以感受到愛的行為時，就會認定這是「不夠愛我」的表現，我會立刻放下、轉身離開。

物以類聚，身邊的姊妹們也都是相同思維，這樣的盲點自然不容易被戳破。曾有一位好友跟我說：「我不懂，我這麼漂亮為什麼還要個性好？」、「自私也沒關係吧？這才是最愛自己的狀態呀！」看在我眼裡覺得她傲嬌又可愛，但仔細一想，若放在真正的關係中，對她的伴侶來說可能是種痛苦的折磨吧！

「不用改！妳不正是因為這樣的性格才備受寵愛嗎？」偶爾會陷入自我懷疑的撞牆期，身邊的姊妹總是餵予甜甜的蜜糖，不斷灌輸以自我為中心是好的，愛你的人才不需要你改變。在感情裡將「自我」放在第一順位，就是「愛自己」。

但，這是真的嗎？

曾在愛裡經歷顛簸與碰撞，不想再次受傷，所以不願全然付出，更不得不展現驕傲來捍衛自己。猛然發現，這都是源自於「害怕不被愛的恐懼」。以為沒有能力愛自己，所以把本該由自己主動開創的力量讓了出去。

如同《小王子》中那朵嬌弱的玫瑰，她只有四根刺，卻虛張聲勢；她明明想被愛，但卻用盡各種方式來討愛，高高在上的提出需求希望小王子證明愛。然而，在那樣的狀態下，對方無法感受到被愛滋養，只會感覺像是遇到《哈利波特》中的催狂魔，空洞與榨乾的恐懼。

因爲索討、反覆驗證不是愛，是恐懼。

也許母親她們在過去生命經驗裡走過的路，已承擔了許多因為「太過懂事」的辛苦，於是用盡寵愛希望我們能活出任性、做自己就好的底氣；抑或是因為她們遵循著「委屈求全」是種美德，所以教育孩子人生最重要的是生活平順安心，身邊有人照應；心靈上對愛與生命的探索，卻較少著墨。

回看人生，覺得此刻自己像是追劇到最後一刻的觀眾，終於恍然大悟，原來每種行為背後的結果如此環環相扣，像是蝴蝶效應，將過去每一場分鏡串聯在一起。但當我們認定自己是其中一個角色時，將無法跳脫框架，看到全景鏡頭下顯而易見的蛛絲馬跡。

如今，我終於學會不再推卸責任，直面背後的恐懼與匱乏感大魔王，將它們一一整理出來。如果你也跟我一樣，開始有意識的想找出總是一再撞牆的原因，是很值得恭喜的事。現在的你已準備好跳脫舊思維，另闢新的冒險地圖，勇敢地去探索，用真正的「愛」導航心之所向。

在愛裡你是索討者，還是過度付出的拯救者呢？成長歷程中，家人是以什麼樣的態度帶你面對關係？也許試著回溯至從母親那裡得到的最初價值觀，會找到很多答案以及在關係裡所展現的人格線索。

悄悄話

妳是否也曾經有著這樣的迷思呢？

生命的完整，並不僅限於非得找到那個「對的人」，接著步入婚姻。其實，我們還可以透過更多的自我覺察、更多的自我觀照、培養自己的真實愛好、去大膽的探索世界，富養自己的精神、活出綻放的自己，做個靈魂充滿力量的女子。

04 三十，依然愛無能

「誰都希望被愛的有恃無恐，
卻忽略了愛不是只看見自己，而是同時看見對方的眞實需求。」

大家可能會想問，真正的愛人與付出，到底是什麼樣子呢？愛無能的定義，是一種「不懂愛、不會愛、失去愛的能力」的表現。無論是喪失對愛情的憧憬或渴望，或只想獲得卻不想給予、只想要快樂不想要承諾，皆為「愛無能」。

一直到過了三十歲，才開始踏上學習如何正確愛人之路，畢竟過去的我，總是將心思花在如何索討愛、如何能被愛。我的愛人能力，大概只有小學生程度。

為此，我鑽研人性的弱點，學習洞悉兩性關係中的各種推拉大法，成效很好，讓我總能在關係裡備受疼愛。但是，我卻從沒想過要如何給予愛，如何細心觀察伴侶想要的對待與付出，熟悉了這麼多的套路，卻沒有因此感到幸福與滿足，究竟是為什麼？於是，靈魂領著我，走入一片布滿迷霧的迷宮中，開啟生命中必須學習的各種課題探險。

原來，愛人與被愛的能力都需要兼具，才能感受到真正的整合，並獲得全然的自信。**無論是強烈需要被愛，或是想透過愛人來滿足自我奉獻的價值，底層的核心問題都來自於內在匱乏。**

到底我有多麼不懂得愛人呢？

還記得，在二十幾歲談的一次戀愛裡，某位前任曾對我說：「妳真的太自我了，完全不懂得付出。」

我不以為然地回嗆：「那你想怎樣呢？你說。」我的態度讓他憤怒不已。

最後，對方崩潰的哭著說：「我沒有要妳怎麼樣！我只是希望妳會在我感冒的時候，替我抽一張衛生紙而已，妳卻連這個都做不到。」

當時完全無法理解，為什麼對方需要他人幫他抽衛生紙，真是莫名其妙。

原來愛不是只看見自己，而是同時看見對方的眞實需求。

有不少女性在戀愛時，認為對方給予滿滿的安全感與關注就是一種幸福，是一種理所當然。對於另一半的真實想法，卻很少花時間傾聽與理解。吵架時，也總以情緒化的方式希望對方能退讓，被偏愛的有恃無恐是多麼理所當然的事。

但卻忽略了愛必須是自身先有，而後才能給出。

誰都不願輕易給出承諾，就怕被時間拖累了彼此

在羅伯特・史坦伯格（Robert Sternberg）[1]提出的「愛的三因論」有提到，構成一段健康愛情所需的元素有三個，分別是「親密、激情、承諾」。

遇到愛情時，腦內啡會讓人目眩神迷，待激情退去後，兩人就會需要有更多的連結與磨合，共同學習與同步成長，否則就會停滯不前，進而造成情感枯竭。然而，真正的愛是需要放下自我的，這與前面提到的「追求自我」、「做自己」形成了一種矛盾。

日前跟一位單身許久的男性友人聊到，他認為人到了一個年紀，談戀愛本來就不再那麼純粹。因為他此刻想找的是結婚對象，而非單純的戀愛對象，所以觀察與評估的重點自然會更嚴謹。他說：「一旦對方不是完全符合我的擇偶清單，我就不會開始，不然很浪費彼此的時間。」

而另一位男性友人，則是自覺已經失去愛人的能力。他告訴我，與兄弟們喝酒玩樂的習慣一時之間很難改變，但很多女生無法接受這個習慣。當對方開始為此不高興、不喜歡他這麼做，他便會覺得這段感情談不下去，因為他並不想「被改變」。

1 羅伯特・史坦伯格（Robert Sternberg）美國心理學家，曾任美國耶魯大學心理及教育學系教授。

人們隨著年紀的增長，逐漸明白了一些道理，也變得越來越清醒與實際。當認清了愛情並不是唯一追求，對於自我認識也開始有了更寬廣的視角；相較於過去，與其單純愛的轟轟烈烈，更傾向讓自己學會隨時抽離看待，苗頭不對就及時止損。

跟一個人相處若需要太辛苦與過多的磨合，推給「我們不適合」似乎輕鬆許多。在約會軟體上滑呀滑，接著聊天、約出來吃飯，最後無疾而終的消失，也變成現代人習以為常的趨勢。

若要確立一段關係，還會擔心自己被獨占，少了與其他異性相處的機會。所以誰都不願意輕易給出認真在一起的承諾，因為大家都太害怕「被浪費了時間」。可是愛情與對一人個的深刻理解，恰恰就是需要時間來醞釀的。

然而，現代人都喪失了這份耐心。愛無能，會不會是一種資本主義下的文明病？

◇◇◇

在書店被一本書吸引，書名是《為什麼不愛了？》作者是一名社會學家，她從資本主義與現代消費文化來探討與分析現代人們的愛情觀，看到副標題特別有感：「我們擁有更多的自由，卻是更少的承諾」。

社群軟體與約會軟體的盛行，讓我們從上一代的保守傳統，瞬間進入一個愛情的快餐時代。從前馬車很慢，一生只夠愛一個人；但現在5G很快，一分鐘可以愛上五十個，只要去別人的IG點個讚，對方就會來跟你說嗨。

自由意志與兩性平權下，浪漫與激情都可以很輕易地獲得，愛情也就更迅速的走向終結。

有時會思考著，會不會其實不是不愛了，而是我們從來就不懂愛？許多人眼中所謂的「美好愛情」、「對的人」，洋洋灑灑地列了許願清單想找到符合的那個人，其實只是想找到「可以滿足我需要的人」。

當內心渴望由另一個人滿足我們缺失的期待與價值，但內在自我卻尚未完整時，就算這樣的人出現了，我們在感情中仍然會不斷地患得患失，不停重複害怕被拒絕、害怕被拋棄的無限糾結。

期待有一個人可以將我們的內在碎片，一片片撿起來，把受傷的我們拼回來，卻沒有發現，碎片是尖銳且割手的。

愛因斯坦曾說：「我們無法在創造問題的意識維度上去解決問題，因為正是原有的意識，創造了你當下的問題，當我們要解決問題時，必須進入新的意識維度。」首先，**對自己的愛無能有所認知，在無能與犯錯中跌倒，一次次看透自己的怯弱、小我的恐懼與執念，最終才會走向內在的覺醒，這是從愛情中體悟到的人生整合課。**

人生步入三十歲，臨陣逃婚的我，突然覺得沉睡已久的靈魂正要甦醒，看待愛的眼光有了與過去不同的質變。這份人生功課才剛開始，要我去學會真正的愛自己、愛他人、愛著這個生命與整個世界。

悄悄話

這是一份愛無能診斷書，大家可以檢視看看自己符合幾項。

1.過度在乎自己的感受，不太考慮對方，容易忽略對方的付出。

2.無法坦誠面對他人，當對方提出的問題使你感到不舒服，會慣性迴避話題。

3.不相信世界上有眞正的愛情，對愛情淡漠疏離，甚至覺得很可笑。

4.在感情裡，總是無法控制的想綑綁著對方。

5.在感情裡不主動付出，沒有對愛與被愛付出努力的意願。

6.害怕給予承諾，不談論過去與未來，只想享受當下的開心。

7.在關係中遇到爭執時，只想逃避或冷暴力。

如果發現自己或身邊的伴侶符合上述很多選項，也不用緊張，因爲有意識到這件事已是很棒的開始。和我一起踏上自我探索的旅程，現在就出發吧！

05 真正的適婚年齡？

「無論是愛情或婚姻，
都是在不確定中尋找兩個人專屬的愛情共識。」

這幾天，大家流行在社群上曬出自己二十歲的樣子。翻了翻手機相簿，找到那個臉上滿滿膠原蛋白，化著完整全妝，眼神流露出嬌氣，也有些囂張氣燄的自己，竟莫名地感到有些疏離。

想了想，這份疏離感可能來自於那個年紀裡，幾乎很少有機會沉澱自己，潛入內在看看自己，與自己對話。對於內心的覺察，頂多在失戀時、遇到姐妹間出現爭執時，在日記與社群上發發心靈小語。當時的我聽不見內在聲音，是個任憑普世價值操控的傀儡。

除了工作與興趣外，我在生命中最專注的就是如何變得更美、更優秀，想收獲一切的美好、四處去旅行，交到最令人稱羡的男友，順理成章地步入婚姻，舉辦一場夢幻的世紀婚禮，走在大家認定的成功道路上，這也許也是不少女孩心中的憧憬吧？

然而，即使循著偶像劇與迪士尼中發生的浪漫劇情，追尋到那些世俗定義的成功，兜兜轉轉了好幾圈，仍像在走迷宮，心中總是有一點莫名的空虛。才發現，生命原來還有更寬闊的可能。

和周遭的姊妹們聊過「年齡焦慮」的問題，女性的年齡焦慮，好像都會落在這幾個時間點：一個是在二十八、二十九接近三十歲的時候，此刻會覺得自己的歲數走到三字頭，這個三十而立的年紀，如果什麼都還沒立，心中難免會出現不安的聲音。

接著，是三十至三十五歲之間，身邊的人紛紛步入婚姻，生兒育女。後來，當伴娘、接捧花的人剩下自己，就像玩大風吹一樣，每個人都找到椅子坐下了，但我卻是那個站在原地的人。站在人生的十字路口做抉擇，不免感到迷茫。

姊妹說：「以前總會覺得女人在三十歲以前結婚，最美的狀態下穿上婚紗，接受眾人祝福，然後大概在兩年內生孩子，就是成就達標的人生勝利組。」確實，這也曾經是我清單中的一項目標。

現在想想，為了在社會定義的適婚年齡把自己嫁出去，女人對「找到一個好伴侶」這件事情上，到底耗費了多少心力？錯過了多少想學的東西？那些逝去的時間，如果沒有伴隨更多的自我理解與覺醒，讓我們的認知與心智仍留在原地徘徊，該有多可惜。

經歷過幾次與內在的鬥爭、抵抗外來入侵的焦慮和壓力後，才漸漸使內心更篤定。每個人有各自的生命時區，不必心急，不再動搖，不再羨慕別人，試著學會信任自己的內心。

而年紀，再也不會成為心魔。站在鏡子前，鏡中的人比二十歲的樣子多了更多氣質與自信，多美呢！

我想，沒有最該結婚的年紀，只有該結婚的愛情。

真正的適婚年齡，並不侷限於數字，**人活在世上是來體驗與玩耍的，婚姻只是每個人生命歷程中不同的旅遊排程，別人的規劃與建議，僅供參考。**

最該結婚的愛情，來自於彼此對自我本質有深刻的理解，像是對於自我的理解有多深？他是一個願意接納自己的人嗎？他是一個願意面對內在創傷的人嗎？接著，便是對愛人與被愛的能力，都逐漸走向完整的狀態，然後相遇。並非因為正巧時間到了，身邊的人剛好是他，那就結婚吧！抑或是認為年齡到了，就心急地奔向婚姻。

看過身邊許多朋友的親身經驗，若想藉由一段婚姻讓自己有安全感，把婚姻視為追求自我價值的唯一來源，卻不曾靜心思考過婚姻在生命裡對自己的真正意義，那麼都將在婚姻中再次經歷漫長且更艱苦的修行。

也許，生命無論在何種階段，都是一場修行吧？

愛，是面對人生修練讓自我趨近圓滿，而不是找一個人拼湊完整。

悄悄話

此刻的你，無論是否步入了婚姻，你對婚姻的看法是什麼呢？

仔細觀察後發現，我們此刻身處於一個與傳統世代和全新世代的更迭時期，過去人們可以依循的傳統觀念、道德、忠貞等規範，都逐漸被各種更「個人化」的思維取代，不存在絕對的規則與秩序。

當愛情選擇更多、更自由，也意味著我們將接受更多的不確定，無論愛情或是婚姻，都是在不確定中尋找兩個人專屬的愛情共識。

過去的婚姻建立在陪伴與愛情的昇華，但現代人的婚姻觀，是兩人都能夠因爲自身的完滿，帶著豐盛的靈魂與對方相遇，那麼婚姻將不是「必須」，而是雙方都因眞切感受到有了對方更幸福、喜悅的「水到渠成」。

06 他們都說，他很好，嫁給他。

「人這一輩子，不需要表演給誰看，不需要被恐懼控制，心裡自然知道最想要的。」

「我和這個對象交往很久，他很疼我也對我很大方，情緒穩定，彼此相處十分舒服，大家都說他是一個適合結婚的對象，但是我總覺得有哪裡不對，最近身邊又出現了一個新的人，我應該怎麼選擇？」

生命的試卷，這道考古題時常出現：「到底該選一個愛我比較多的人，還是我愛他比較多的人呢？哪個是最優解呢？」

當我們不夠獨立、對生命缺乏力量，想要逃避自我成長與生命責任的時候，自然會渴望找到另一個能為我們扛起一切的人，因為這是人性中最基本的需求。這個對象要能一直照顧我，必須負責給予安全感、疼愛、理解、自尊、價值感。最好可以讓我們一直任性的當個小孩，這就是最幸福的狀態。

但小孩終究會在某天跌倒時才發現，把上述的一切託付給另一個人的時候，其實更不安全。沒人可以永遠躲在避風港，終究需要獨立成長。

選擇愛對方比較多的人，往往有著犧牲奉獻的性格，心中有滿滿的愛願意去付出、去成全，有著超強的忍耐力去包容對方，最後遍體鱗傷，失去自我也在所不惜。因為她們曾深刻的愛過，所以心甘情願。

無論是選擇哪一種，最終都會面臨到不同的課題。**生命的功課，沒過關的就會一再重修，無處可逃。**

當初決定結束為期三年，即將步入婚姻的關係前，內心也深陷在極大的迷惘裡。我們會分開，並不是因為他不好，相反的，身邊朋友都覺得他是「愛妳比較多的人」、「只不過是比較不懂妳而已」、「他很疼妳」不至於要放棄吧？

我試過非常多的方法，想改善彼此心靈層面的距離與隔閡，但是無論怎麼嘗試，最後都以失敗收場，永遠是我一人在唱獨角戲。一再經歷挫敗感，最後陷入了無力的麻木狀態，感受到內在靈魂的死去，與對方毫無連結的感覺就像是被深深孤立。

「婚姻就是這樣呀！」、「夫妻最終就是家人跟室友。」有些人會以過來人的身分這麼說。可是我總覺得，內在想成長的靈魂一直在提醒我，生命有更多的可能性，每個人的追求不同，有些人的第一順位是希望有人陪伴與照顧；但也有人更希望體驗高質量的關係和愛情，而非因為到了適婚年齡，為了結婚而結婚。

發現有許多人，會在此刻選擇屏蔽內在潛意識的真正聲音。面對不確定性，其實令人感到無比恐懼，當時那份掙扎與內耗的巨浪，也讓我陷入黑暗與精神衰弱的深海中。

經歷內在的各種聲音不斷爭執、一次次反覆討論後，終於做出了決定。我更清楚的知道，自己追求的生命目標，是能一直成長與進化，隨著不同的階段提升，愛也會走到不同層次。當我們察覺到不對勁，碎裂了那些舊有的認知、刪除掉曾經輸入「必須這樣才是對的」的程式後，就是生命又到了需要升級的時刻。

內在若有著源源不絕豐盛的愛，就不會把眼前這個對象是否有滿足我被愛的需求視爲第一考量，而是能夠順應內心，傾聽並信任自己的選擇。

這就好比一個人若是非常富有，內在有慈悲與愛，有著取之不盡的金錢，他可以對慈善、捐款或是任何會讓自己開心的事情無比的大方，不會計較付出是否能得到回報。同樣的，若在愛裡財富自由了，我們想追求的，便不會僅限於安全感的供養者，而是其他層級的生命體驗。

「應該找一個愛我比較多的人，還是我愛他多的人呢？」

當陷入這種兩難的時候，可以問問自己，**如果抽離沒人依賴就會崩塌的生存焦慮，你最想要體驗的是什麼？如果不害怕孤單，拋下大家口中說的應**

該，你心裡的聲音是什麼？

若能誠實的對自己說：「現階段最想要的，就是被愛情或婚姻拯救，受到豢養疼愛、過著依賴著對方的滋養而生活。」那麼這也是一種不同的嚮往與追求，沒有對錯，別人無從批判。

但你也需意識到，過度沉浸於情感依賴，將所有對幸福的期盼都交到一個人手中，其實是種賭注與風險。

若內心想追求的是成長而非安逸，勢必要打破過去陳舊的思維，才能重塑自我。最怕的就是，在原地猶豫不決觀望太久，還是無法釐清自己想要的，最後耽誤與傷害就會擴大成更難以回收的成本。

不要自欺、不要聽信別人的聲音，心會引領你找到答案。人這一輩子，不需要表演給誰看，不需要被恐懼控制，心裡自然知道最想要的。

最終，我們可以自信且篤定地說：「**我不將就，我想選擇的是，彼此相愛的人。**」

悄悄話

這陣子很喜歡看一行禪師的書，他說：「愛是慈悲」。當我們有愛的時候，對於深愛的人甚至是陌生人，都能散發出眞心的善良。只要內在有愛，你就是一朵盛放的花、一棵蒼翠的樹，我們都能因爲內在的慈悲心感受到愛。

07

一個人就能過得很好，那兩個人的意義在哪？

「經歷愛的過程中，能看到自己平時不輕易表現的各種面貌，並與最美好的自己相遇。」

某天收到一則私訊，被問到一個有趣的問題：「一個人可以過得很好，為什麼還要談戀愛？為什麼還要結婚？」

我的回覆是：「**因爲在愛情與關係裡，人們會碰撞出不一樣的自我及童年恐懼等，這些都是必須與另一個人深刻建立關係後，才會有的顯現與學習。**」

戀愛或結婚是截然不同的兩件事情，不過這兩件事都跟經營一段關係的能力有關，也與自我追尋有關。

在愛情的路上大家多少都會受挫，都遇過幾次事與願違，這些都是看見自己、並學著療癒自己的契機。有些人會在跌倒後爬起來，懂得真正愛自己，選擇依然相信愛情，自我完整的同時也不畏懼再次戀愛或走入婚姻；也有的人因為一次次的期待落空，積攢了太多失望，導致「不敢愛了」放下期待，避免受傷。

身邊一個姐妹，曾經歷過一段深愛的男友不斷劈腿、欺騙，而她選擇一再的原諒與包容，可是到了最後，卻是男生提出分手。這段關係讓她的世界天崩地裂，從此以後，她的心就像被丟進了小黑屋，關上、上鎖。

她說，因為她理解自己，當她愛上一個人的時候，總會愛得太過用力，陷入一種瘋狂的失序狀態，毫無原則與底線可言。也因此大大的影響她的工作與情緒，她再也不允許自己如此混亂。

後來的她，就算遇到其他不錯的對象，只要對方沒有展現太積極的追求，她都會默默的認為自己是不被堅定選擇的那一個。不斷告訴自己：「沒關係，反正我也沒有很認真，我不需要愛情」、「我覺得自己這樣過得很好」。

每每聽著，我都覺得那個內在深處未被療癒的她很令人心疼，希望她能回頭看看小黑屋裡的受傷女孩，重新連結並信任自己值得被愛。但每個人的課題，終究只能由自己解開。人的心念是可以改變結果的，如果心念悲觀，就只能找到各種打擊自我的證據。

一旦內在創傷沒有被真正療癒，那些表面展現出來的成熟，其實只是假象。因為不願意再受挫，想保護內在脆弱敏感的細膩，強行切斷自己的感知，反而是對自己的一種疏離與迴避，最可怕的是當事人往往沒有察覺。

真正的平靜豁達，**是可以毫無恐懼且自在地在關係中與他人連結，敢於說出自己的內在需求，打從心底相信自己值得被珍惜善待，對於表達和溝通既篤定且充滿自信。**甚至，就算對方有別的對象，也能給予尊重，並不預設自己會輸。

疏離與逃避則不同，在這個狀態裡，是因為曾經傷得太痛了，面對其他關係一不小心就會被觸傷，內在警鈴時不時會嗡嗡大響：「是不是又遇到了渣男？」、「我覺得他沒有想確立關係」、「我覺得他不夠喜歡我，所以算了」因為害怕，所以處於被動、不敢爭取自己想要的對待，不相信自己值得對方深愛，最後一切的主導權都只能交給對方「順其自然」。但真愛，從來都是需要勇敢的。

這是多麼可惜的一件事？當被失望與恐懼控制，選擇了疏離，而疏離的不僅是愛情，還疏離了生命的熱情與對自己的無條件自信，疏離了各種美好的可能性。

愛情，究竟有什麼意義？

對我而言，我覺得它能讓我們看穿內在小我的執念，帶領我們穿越恐懼的長廊，找到內在哭泣的自己，並將她扶起來拍拍秀秀。

經歷愛的過程中，能以最大限度讓我們看到自己平時不輕易表現的各種面貌。自卑、迷茫、焦慮、沒安全感、嫉妒、害怕被否定、害怕被拋下等，但同樣也能讓我們與勇敢的、富有力量的、篤定的、自信的、強大的，最美好的自己相遇。

只要不逃避，學會真正的接納，愛情可以點亮我們的生命。

愛情當然不是生活的必需品，但愛是。

✦悄悄話

想到一段與某任男友M的小故事，他曾說：「我從來沒有那麼愛過一個人。」

我笑著回答：「我也剛好在練習愛人，所以我們算是彼此的『初練』嗎？」

M：「我覺得是『初煉』。」

我：「因爲我相信我們可以把愛煉成眞金。」

人生這一路，愛著也學著。每段愛情的歷程就是一場煉金，我們必須先過濾掉自身的泥沙，再經過層層關卡的考驗，最終能看見內在的閃閃發光。

謝謝身邊的陪練者，讓我們變得更加強大、更懂愛也更完整。

08 不結婚，生命像是重生

「不想因爲害怕失去，就自欺欺人的緊抓著疼我的人，這是一種怯弱與自私。」

「婚紗拍了，而其實這天……我單身了。」

IG跳出了兩年前的今天，提醒這天是拍攝婚紗的日子。當時已經談好了婚紗和婚攝的所有排程，如果全部取消，將會造成大家的麻煩。於是我和婚紗品牌方重新溝通，真誠說出悔婚的實情，請他們讓我把婚紗照改成單人拍攝。還好這個協議對方願意接受。

拍攝日當天，做造型的過程中，新祕已經知道我婚不結了，看我的眼神小心翼翼，想問又不敢問，

「妳還好嗎？」終於還是問了。

「沒事，我很好喔。」我試圖化解空氣中的尷尬。

梳妝完成，穿上婚紗，看著鏡子中的自己，感覺很平靜。因為我在拍攝之前，早已心理建設好，要把今天的拍攝，當成是一次生命中勇敢做出決定的珍貴紀錄。

然而，心底也悄然湧上一股想落淚的複雜情緒，對婚姻曾經抱著憧憬的小女孩，好像突然間長大了，接受了這個世界不是只有粉紅世界的存在。懷抱迪士尼公主夢的我，曾經是多麼的期待這些時刻，頂著精緻的妝髮、穿著進口的高級婚紗，在最美的瞬間，留下最幸福的樣子，接受大家投以羨慕的眼神。

我是穿上婚紗了沒錯，但卻是一個人。

西子灣的夕陽很美，婚紗很美，海風吹著髮絲在空中飄揚，心裡的感受雖然夾帶著那麼點悵然若失，但我並沒有感到後悔，反而是從心底，漸漸長出對自己、對生命掌舵的篤定。

叩問自己的內心，發現我並不想把「因為年紀到了，所以需要把自己嫁了」當成一項向眾人證明我很幸福的指標，漠視自己內在真實的感受與聲音。**更不想因爲害怕失去，就自欺欺人的緊抓著一個疼我的人，這是一種怯弱與自私，是一種對愛情眞正的愧對。**

離開了三年多被照顧得很妥貼的情感關係，此刻，我的生命迎來了　次真正的重生。

學著獨立

此刻，終於感受到「你的雲淡風輕，是因為背後有人負重前行」這句話的深刻意義。原來，我過去根本就是「假性獨立」，內在的我，其實仍是個脆弱的、無法扛起自己生命責任的小女孩。

一直以來，很幸運扮演著被寵愛、被照顧的角色，幾乎是到哪都有人接送，甚至從來不敢一個人吃飯，假設沒人陪我吃我就不吃了。不敢一個人看醫生、也從沒自己繳過水電費，第一次花了時間研究繳費機制，該怎麼綁定在手機上，原來單據是長這樣，這些都是過去我從來不需要了解的。

有一次，跟一位熟識的好友分享我過去的巨嬰行徑，她整個人呆住了好幾秒，最後大笑出來。

我說：「以前只要結束一個行程，如果沒有人來接我，就會感到超級孤單與悲傷，如果那天又剛好下雨，便會悲從中來覺得自己超可憐，心裡想著『我好慘，怎麼會沒人來接呢？』」

她強忍笑意，努力做好表情控管：「如果不是妳長得還可以，真的會很想打妳！」

過去我因為被極度寵愛，只需要專注在自己身上，體驗新鮮又好玩的人事物，而工作收入則是我可以無壓力任意使用或投資的零用錢，不太需要面對殘酷生活中的各種龐大開銷。這才發現，以前認為自己是個足夠成熟、獨立的新時代女性，原來中間藏著如此巨大的錯誤認知。

面對怕黑

我還有一個需要重新面對的深層恐懼，那就是怕黑。看過網路上有一段搞笑影片，影片中的人只要一關燈，就會開始狂奔，因為黑暗無光的地方，充滿了可怕且未知的東西追著自己跑。而那個對黑暗有著巨大恐懼的人，就是我。

因為嚴重缺乏安全感，一個人睡時，會因為恐懼而夜夜等到天亮，看到陽光灑進房內才敢入睡。就連洗頭、洗臉，都會抗拒閉上雙眼，害怕一閉上眼萬一有鬼怎麼辦？我的恐懼與脆弱一直都被藏得很深，但也因為一路上都有人陪伴，而不需要去面對它們。

那麼不成熟的我，突然清醒過來，過去竟是那麼任性地生活著。養成了我的夢幻性格與理所當然喜歡撒嬌依賴的心態，都是因為身邊一直有人撐腰，讓我不用面對任何煩惱。粉紅泡泡的生活裡，是因為有人努力地製造泡泡。就像電影《芭比》裡面，芭比終於脫下高跟鞋的那一刻，她先是重重的摔了一跤，接著，才真正踏實的活出自己。

突如其來的靈魂功課，要我走出溫室，不當小王子星球上那朵等待被照顧的傲嬌玫瑰；要我跨出舒適圈，讓視角可以看得更廣。

少了愛情的庇護與寵愛，必須誠然的面對自己，知道這將是依靠自己長出真正力量的時刻。於是開始全盤接手自己的生活、自己的金錢理財、自己的恐懼、自己的不安全感。

看過一段TED影片，講者提到：「**許多人追求愛情的核心，是爲了逃避自身要面對的人生功課，因爲多數人不會想過在關係裡進化成更好的人，人們更關注的，是可以擁有一段輕鬆的關係，以逃避內在的孤單感**；關係裡，人們會越來越安逸，停止去思考自己的渴望、自己的生命意義與責任，會停止追尋讓自己真正快樂與可以成長的事。這也是為什麼有許多人回歸單身之後，才會真正感受到自己準備重新開始。」

反覆思考著這段內容，彷彿被打臉，怎麼說的好像就是我？好吧，至少我終於願意面對了。

日前參加了好友婚禮，看到大家都在IG的分享寫下：「見證了愛情最美的樣子」。確實不少人會定義一段關係「成功的走入婚姻」才算是愛情最美的樣子，才算是把愛情「修成正果」的一種證明。

但我此刻認為，愛情最美的樣子，肯定不只單一的樣態。

我們經歷過愛情，**愛過人也被愛過，生命多了一些皺褶，一些轟轟烈烈，而終於向內看見自己，願意突破舊有自我，願意整合自己的陰影，也是一件無比美好與溫柔的事**。而愛情最美的樣子，正是因為它會帶來很多成長的養分與禮物。

悄悄話

愛情並不是找到另一個人來滿足自己的內在缺失，唯有讓自己修練成成熟完整的人，才會擁有長久且健康的關係。人的一生會困住自己的，是自己的無知與妄念，這些到頭來都無法逃避，無論是面對愛情或人生，我們都需要持續升級認知、提升智慧，更努力的向內觀看，讓自己能夠眞正學習生命中的功課。

CHAPTER 2

你是獨一無二，美好又可愛的存在

任何時刻，
自信都應該是出於對自己的珍愛，
真心覺得自己很可愛，
不再透過比較或他人羨慕的眼光來增加能量。

| 溫柔導讀 |

01

成為自己的導航

「讓「不確定感」與「未知」成爲新鮮的生命體驗，
透過一次次的自我對話，將會與自己變得更加親密與熟悉。」

「Q，妳覺得我現在應該怎麼辦，可以發這段話給他嗎？」
「我想表達內心很不爽，但又不能讓他覺得我在無理取鬧，該怎麼辦？」
「我不知道這段感情對我而言是什麼，妳覺得我有很愛他嗎？」
「Q，想請妳幫我分析這兩個工作，我應該選哪一個才好？」

一直以來，在朋友間、網路上，我總是擔任著人生與愛情的顧問角色，姊妹們信任我的洞察力與溝通能力，所以遇到生活中的大大小小糾結，都會想詢問我的建議。

而我在面對迷失或不確定時，會用反覆詢問自己的方式，試著找到內在的聲音。完全不認為世上存在著正確答案，因為宇宙的時間不是線性的，眼前的得失都不是最終結果。我也從不認為誰有資格果斷或決絕的告訴別人，該選A或B。

當替大家指引方向時，都會先透過感受對方情緒、接住情緒，給予適切的安撫後、再分享自己的經驗，從中提供一些新的角度或觀點給對方。其中有一個關鍵，就是溫和的「反問」，幫助對方挖出內在底層最真實的答案，或是卡住的課題所在。

例如，前面的問題其實真正困住對方的都不是問題本身，而是如同冰山一樣，深埋在底層各種尚未挖掘的心理狀態。

我會用這樣的方式來反問：

「你現在真正想要的是什麼？」

「你覺得不敢發訊息給對方的原因是什麼？」
「你們的關係是否處於失衡中？如何可以變好呢？」
「你覺得自己的需求感必須由他來滿足的原因，是什麼？」
「你們之間在溝通上，是不是還沒建構出信任感？」
「你覺得自己有無理取鬧嗎？你現在的感受是出於愛，還是出於控制與焦慮呢？」

透過這樣的提問，能夠幫助對方釐清自己內在想法。我也能從對方的觀點中，碰撞出新的思考與學習。藉此，可以看到不同人在面對不同的壓力下，會產生什麼樣的恐懼投射；若沒有經過自我剖析，內在導航會如何反覆走入相同的胡同裡，闖不出新的路徑。

不難發現，當一個人在問「我現在該怎麼做」時，內心深處都已預設了想聽到的答案。無非是希望對方能幫他統整當下的混亂，讓自己能更有自信與勇氣。**與其告訴對方怎麼選擇，更好的方式是與對方分享和探討「還可以怎麼想」、「還可以怎麼做」。**

當思緒太混亂無章時，我會拿筆寫下來，細看自己內心的活動路徑，有助於整理情緒與想法。透過一次次的練習，將會與自己變得更加親密和熟悉，也會越來越了解自己。

除了用紙筆書寫，我的手機上的 Messenger 還有　個與自己的對話框框，裡面的 Queenie 擔任了大量傾聽與承接我困惑的角色。有時候用文字、有時候是用語音，我時常和她說話：「嘿，妳看妳又產生負面情緒了，不要怕好嗎！我們可以度過的。」「妳今天超級棒的，又成功面對恐懼了！」

假如答案還沒有馬上解出來，也不用著急。**當我們學會不急著定義，安然待在現況、靜觀其變時，生命將會給予最好的安排**。並在經歷一切之後，得到成長與收穫，就不至於太過慌忙，能耐心等待答案浮現。所有的未解之謎，時間都會給予答案。

生命中有許多事情的發生，是由大大小小的抉擇牽引與促成的，但站在人生中的十字路口時，往往伴隨著無法自信邁出的步伐，感到恐懼與沒有方向感的徬徨。

人們總是擔心自己做了錯誤的、會使自己後悔的決定。於是寧願停在原地糾結，耗費大量的心力四處問人、問塔羅或是問神明，對於自己下決定這件事，如果沒有經過刻意訓練，很容易心生恐懼。

人類天生對於「不確定感」會感到不安，總認為是人生的至惡大敵，它的出現總會使我們非常焦慮。彷彿像是在玩一場生存遊戲，無法判斷自己應該選擇開啟左右哪一扇門，害怕選錯門的人生，因而浪費時間甚至賠上更多心力，陷入萬劫不復。

過去當我經歷這樣的時刻，感到迷惘徬徨時，除了前面提到的提問、書寫與自我對話外，我發現大量的閱讀，汲取更多專業領域與同溫層以外的見解，也是一個能快速打破思維框架的方法。

不斷練習提問、寫字、自我鼓勵、閱讀，逐漸養成靠自己找到解謎線索的能力。看清究竟是哪一塊思維將自己綁住，心中擔憂害怕的事，究竟是事實或只是「感覺」？試著問問自己，到底想要什麼？想體驗的是什麼？選擇了之後，是否有能力承擔後果？這麼做的意義又是什麼？

我也曾經是個追求完美與正確的人，但這樣的執著讓我活得很累也受困其中。後來我告訴自己，**不需要追求完美，因爲完美根本不存在。而不確定與未知並沒有那麼可怕，相反的，它能成爲一種新鮮的生命體驗。**

就像有的電影評價很差，身邊的人都說不好看，是大雷片，殊不知你看了卻超級愛。因為一部電影的觀看視角，取決於一個人的閱片量、感受的細膩度、生命經驗所產生的共鳴度，你只需要有「這部電影我就是想看」的決心。就像「這個人我就是想愛」、「這個過程我就是想要體驗」，如此一來，此刻的生命經驗就掌控在你手中。

不敢選擇的人，除了具有強烈害怕的不確定感外，也很可能還不清楚自己要什麼。這樣的人，更需要發掘自己的勇氣為什麼喪失了？還是因為過去從來沒有練習自己做決定，因此無法信任自己，於是一直裹足不前、受制於焦慮擔憂的情緒。

此時，不需要急著做決定，需要的是與內在被忽略的你，建立更溫柔的關係。那麼，該如何建立專屬的內在導航呢？

請相信，每個人的內在都有無比強大的力量與寶藏，更具備了靈性與神性。透過安然接受不確定性的勇敢，以及溫柔撫慰自己情緒的能力，反覆練習並戰勝恐懼，讓「信任自己智慧」的力量，引領前進。這些都將在你感到迷惘不安時，規劃出抵達心中當下最想要也最需要的目的地。

悄悄話

學習覺察與自我提問，是一個能越來越理解自己的好方式。深愛一個人時，我們總會對愛的人感到好奇，想知道他曾經歷過什麼，都在想些什麼，他所追求的人生會和我一樣嗎？「想深刻理解」的本質，就有很多、很多的愛。

那麼，你有這樣對待自己嗎？

你是否意識過，當感到挫折與情緒低落時，最常對自己說什麼？

是「沒事的，你很棒，我會陪著你。我們都不怕！」還是「你又搞砸了！你爲什麼什麼都做不好，你就是不夠好才會這樣。算了，還是放棄吧！」

建立一個內在閨密，也是穩定心之導航系統很重要的siri喔！現在就去開啟一個與自己對話聊天的框框吧！

02

相信什麼就會靠近什麼

「信任自己值得被好好對待，就能勇敢的體驗生命帶來的課題，不再讓自己受困於弱者心態。」

決定暫時不結婚的我，回歸單身後開始約會。陸續認識了一些新的異性朋友，有時會約出去吃飯。某天，發生了一件事。

睡夢中被訊息聲吵醒，在朦朧的意識下滑開手機，看到螢幕滿版的訊息，是好友們傳來的。訊息寫著：「寶，我們有事情要告訴妳，但訊息不方便說，現在準備往妳家集合了。」

好友焦急的語氣讓我忐忑不安，睡意全消。起身梳洗，灌下一大杯溫水，再幫她們點了咖啡，等待她們的到來。她們並排坐在我家中島長桌對面，面面相覷，個個有口難言，不知誰要先開口跟我說這個重大的事。

我打破沉默：「怎麼了？發生什麼事？」

「我們發現一件不知道該不該跟妳說的事……」

我深呼吸，試著讓氣氛緩和下來：「沒事的，就說吧！我聽。」

「聽說妳現在的約會對象，是個超級世紀渣男！傷過很多女生的心，我們很擔心妳受傷。」

原來如此。

「嚇死我了，我以為是什麼事！我知道他過去對待感情的方式，這些他都有大概告訴我，我還在評估跟觀察，別擔心我喔！」我淡定的安撫她們想保護我的心意。

也許是骨子裡的叛逆和冒險精神，又或是我總是喜歡自己分析驗證的性格，一直以來，不太傾向在尚未認識一個人的狀態下，聽信傳言或片面資訊來斷定這個人的好壞。真相是，人會因為對象不同，而展現出不一樣的情感狀態與面貌，並非恆定不變。

另外，我有一個深信不疑，從未被撼動過的信仰：「我值得被深愛。」也正是因為心中深植這個信念，所以從來沒有遇過令我感到「被渣了」、「被欺騙玩玩」的狀態。**我所做的每一個決定，都是出於自己想要體驗看看的個人選擇。我的心會隨時提醒我，該回到自我的內在覺察上。**

拜上升星座在處女座之賜，我的個性中添加了不少理智成分，在真正熟識與相處深聊之前，要掏出全部自我、奉獻自己給另一個人是很難的。內心深處認為，在尚未感受到真誠以及對方沒有實質的付出前，我不會有任何的走心。分清好感歸好感，但關係中的信任與理解則是需要慢慢來的，一點一滴透過行動去建立，並不存在因為一時的好感，就濾鏡大開將對方美化，讓自己深陷其中。

更明確的知道，有時戀愛的感受是來自大腦激素造成的幻象，幻象沒有好壞，是中性的。至於，選擇是否讓自己進入那個情境裡，並非被動而是主動。

觀察一個人的內在本質與品格很重要，信任很多時候也並非是把力量交給對方。而是當我們擁有足夠的內在自信，信任生命會帶領自己成長，即使結果不如預期，也不會讓自己受困在迷霧中。

相信什麼就會靠近什麼，我深以為然。

信任自己有力量，不是被動的被挑選與當感情中的弱者，也是我的信念。

近年來，越來越流行靈性覺醒的書籍，例如：《祕密》、《吸引力法則》、《顯化效應》，說的都是同一件事情，人們的意念會決定你所看見的與體驗的。

其實這一點也不玄幻，讀過許多研究腦科學與人類意識如何左右行動的書，理解到原來大腦會根據內在下達的指令，實現心中希望的劇本。當我們輸入的結果是好的，就是吸引力法則；反之，就是莫非定律。

若心裡已存在著「對方肯定是玩咖」、「我會深陷其中被騙的」、「我到底該不該相信他」的框架，患得患失的心態就會使你失去判斷的智慧，失去原有的自信和魅力，更甚者，被對方的甜言蜜語操控了情緒與PUA[1]。一旦把主控權交給對方，勢必會削弱自己的力量。

對關係的過度焦慮與不信任，也可能導致一個局面——對方原先想認真，但因為你害怕受傷，所以刻意展現出「沒關係，反正我也沒有付出真心」、「沒關係，我也只是玩玩」的自我保護機制，最終依照這個劇本裡「兩人都不真心」的劇情來演。

當心態處之泰然，臣服於一切的安排，單純的見機行事、見招拆招、不預設立場，信任自己值得被好好對待，就能勇敢體驗生命帶來的課題。

信任，並非完全盲目的信任對方絕對不會傷害自己，而是相信自己無論如何，都會做出當下認為最好的選擇，有信任的能力，也有保護自己的能力。只要明確知道此刻想要的生命經歷與體驗是什麼，就不存在著「後悔」與「浪費時間」這樣懊惱的想法。會跳脫受害者與被動者的心態，成為一個見招拆招的人間觀察家。

曾看過一句話，十分喜歡：「一切的發生必有利於我。」我深信不移，也把這份力量分享給大家。**當你相信自己，發生的一切就只是挑戰，就會把力量導向所相信的未來，更會爲此努力前進，做出相對的行動。**

願大家心中堅定強大的信念，從此在世間行走，情緒價值自己擁有，再也不怕在情路上被絆倒。遇上渣男ＰＵＡ，心裡只會想：「哈囉，請問你是哪根蔥？」

1　PUA的情感操控手法，其中有很大一部分是建立在受控方的內在，不相信自己值得被愛，不相信自己是有價值的。於是潛意識靠著服從操控方，討好與滿足對方以找到個人的存在價值，一步步落入操控方布好的陷阱。

悄悄話

如何內建這份對自己的信任，轉換過去總是過度擔憂與焦慮的路徑呢？我覺得可以透過下列的練習。

首先，建立信念：

1. 告訴自己生命中到來的選擇，都將幫助我們成長，所以可以自由選擇要不要開啟關卡。

2. 相信自己擁有力量且強大，是世界上獨一無二，既美好又可愛的存在。

3. 回想過去是如何經歷種種難關，除了寫感恩日記，感謝生命中的人事物外，也可以寫「感謝自己」日記。（例如：謝謝我今天在很焦慮的時候深呼吸，沒有選擇情緒化的處理事情；謝謝我今天順從內在想法，拒絕了不想去的邀約；謝謝我今天把自己照顧得很好等）你會發現，天啊！自己眞的棒透了。

4. 對自己誠實。願意爲自己的一切選擇負起責任，不當受害者，不在不如意時抓戰犯，你會漸漸充滿力量。

5. 相信一切都會變好、相信自己是被愛著的。

03 接納自己的力量是很強大的

「透過內在完整接納自己的暗示，
允許自己把紊亂的感受與身體壓力慢慢釋放，讓負面的念頭飄走。」

那天，參加一場在山林裡的僻靜瑜伽營，遠離了都市，來到被翠綠茂盛的樹林圍繞的一塊淨地。晨起練習，學習按摩與覺察身體，吃很清淨的素食，那是一種「完整的與自己待在一起的體驗」，而且會冒出從心底油然而生的踏實感。

僻靜營的第一天，身為瑜伽初學者，在做一些看似很簡單的動作時，竟然是如此的吃力。像是下犬式，我感覺到膝蓋內側的腳筋有巨大的痠麻感，彷彿腿要斷了，頭也因為往下傾斜，感到頭暈目眩、腦袋充血，甚至呼吸困難。偷偷抬頭瞄了一眼教室中的其他同學，發現怎麼每個人都做得那麼好，唯獨我整個人四肢僵硬，心中也升起了一股想與他人比較跟批判自己的懊惱感。

老師來到我身邊，輕輕地調整我的身體，溫柔堅定的對我說：「妳可以的，全然接納妳的身體、感受她，把呼吸送往全身。想像雙手是樹根，十指都深入地底，牢牢扎根支撐著妳。」

神奇的是，當我把意識從「真的好痛，我做不到」，轉換成「接納自己只是此刻做不到，我願意試試看」後，放下批判，調整呼吸、深深吸氣、緩緩吐氣，原本頭暈不舒服的感覺就消失了。

那一刻，我感受到身體裡有一股力量，鮮活而強大，本來的僵硬也漸漸柔軟。印象最深的，是當課程來到最後一堂的練習，老師要我們兩兩一組，在瑜伽墊上盤腿對坐，快問快答。我們必須看著對方的眼睛，以敲門往內呼喚的語境，問對方說：「你最害怕什麼？」過程中被問的一方不能有過多的思考時間，只能憑直覺回答。

「你最害怕什麼？」

「怕黑、怕鬼。」

「你最害怕什麼？」

「讓別人失望。」

「你最害怕什麼？」

「怕被人誤解。」

「你最害怕什麼？」

「怕被信任的人背叛。」

「你最害怕什麼？」

「怕孤單。」

「你最害怕什麼？」

「怕沒有人理解自己。」

「你最害怕什麼？」

「怕自己不完美就不被愛了。」

沉靜的、專注的凝視著對面的人，然後提出問題，並聆聽他的答案。與我同組的好友，回答到後來眼眶裡都是淚，輪到我的時候，我也感到胸口熱熱的，那股能量滿溢到整張臉上，讓眼眶與鼻腔內都有酸酸的感覺。原來，**身體替我們壓抑了好多、好多恐懼。**

兩人交替互問，直到所有人都完成了這項練習後，老師要我們閉上雙眼，感受並掃描自己的身體。

「現在細細感受，當你在訴說恐懼的時候，身體不舒服的地方在哪裡。」閉上眼睛，發現與其他部位相比，我的下腹區與肩頸，特別的緊繃與不舒服。突然想起我的中醫師曾經說過：「不可以再熬夜了，妳的腎氣不足，就會越來越怕黑，也會越來越膽小喔！」原來我的恐懼，全都累積在腎的部位。

有趣的是，在場每個人的「恐懼」所對應的身體區域也大不相同。有的人是頭，有的人是胸口，有的人是腸胃。最後在老師的帶領下，我們用冥想的方式，觀照並療癒身體承接及壓抑恐懼的地方。此刻，感受到一股內在被點亮的溫柔正在釋放。經過那次的體驗，對我日後的內在覺察有很深的影響。

每個人都與生命過去曾經歷的恐懼共存，當你不願接納並抗拒它，甚至沒有靜下來發現它的時候，就會試圖用控制外界與自我攻擊的方式來消除，往往都是徒勞無功。

以怕黑這件事來說，我覺察到那深層的害怕，除了來自小時候媽媽經常把我關進黑暗的房間，當成不聽話的「處罰」記憶外，也跟我內心深處缺乏安全感有關。但當我接納自己就是「正在害怕」，不批評自己，練習在黑暗中把注意力拿回身上，關注呼吸，感受自己躺在溫暖舒適的床上非常安全，告訴自己恐懼只是想像而已，我不會受到任何傷害。漸漸的，不舒服的感受會慢慢消散。

還有一種溫柔的方式，就是不用急著抽離恐懼，靜靜的看著它來，對自己說：「你在害怕嗎？沒關係，有我在，我們不怕。」調整呼吸安撫自己，也可以很有效的緩和情緒，把情緒想成水，它們只是從心臟流了過去。

這邊也分享我最喜歡的呼吸方式。試著用鼻子深深地、緩緩地吸氣，可以感受空氣從鼻腔進入肺部，胸口漸漸隆起，一路將氣吸到腹部，讓身體充滿氧氣。接著，再從腹部慢慢的將氣呼出來，你會感受到一種與自己在一起的臨在感，也會釋放焦慮，讓整個人放鬆許多。

悄悄話

什麼樣的事件會觸發你的情緒？你是否都能安穩地接住自己、安撫自己？有發現嗎？當焦慮、憤怒或害怕的感覺來敲門時，最先混亂的就是呼吸。可能會感覺到自己呼吸變快、變淺，甚至是有點缺氧頭暈，接著是胸悶心悸。

每一次，我們都可以透過內在完整接納自己的暗示，允許自己把紊亂的感受與身體壓力慢慢釋放，讓負面的念頭飄走，不刻意地把它捻成深深的黑洞。這是這些年我所體會到，關於「愛自己」中最重要的一個環節。

04 滿足了需求才是對的人？

「當一個人少了愛人的能力時，
無論遇到誰，都難以共創健康良好的關係。」

「無論是什麼關係，提供不了情緒價值，給予不了經濟支持，給不了正面陪伴，若三點都不具備，捨棄才是明智之舉。」

看到這段話，你會認為是人間清醒感到醍醐灌頂，還是跟我一樣覺得好像對又好像哪裡不對勁？曾經我也是如此。總是習慣以功利的利己主義，來衡量一個人是否為對的人。我也曾寫過條件清單，照著打勾項目來快篩。

過去曾發生一件非常玄奧的事，我在條件清單寫好沒多久之後，確實遇到了與宇宙許願條件百分之百完全相符的對象，無論是條件、身高、背景、外在，甚至是整個人散發出的氣質，都與我心中理想的「對的人」一模一樣。更神奇的是，一切的發生都有如沉浸式的偶像劇情般，兩人在一相遇時就瞬間一拍即合，認識不到一週就火速交往，確認關係。

只是後來，這段看似條件全然符合我想要的夢幻戀情並不長久，甜蜜期只有前半年，最終只維持了一年就相看兩厭，表面匹配的美好，背後其實暗藏著更多黑暗。關係帶出了我們張牙舞爪的那一面，彼此意見相歧時的劇烈爭吵，他的控制與自以為是，與我的索討、情緒化、冷暴力，形成了一種像是《冰與火之歌》的權力鬥爭。

整段關係轉場來到瘋狂的諜對諜，比看誰的套路更多、城府更深，誰更沉得住氣不與對方聯絡，誰的生命中少了誰比較無所謂。當然，最後終於筋疲力竭，累積了滿滿的失望，發現彼此都不是適合相處的伴侶。

當我回過頭來反思自己列的條件清單時，驚覺發現上面全是表淺的外在條件，以及大家眼中的成功模組更是占據了大部分。完全跳過了一個人的內在狀況，與最核心的人格特質。當然，我也忽略了最重要的期望：「我們都願意愛，且具備愛人的能力。」

當一個人少了愛人的能力時，無論遇到誰，都難以與對方共創一段健康良好的關係。當時，我甚至無法意識到，真正的愛並不是建立在那些世俗條件上，而是自身的完整與不匱乏，兩人自在的從心底深處互相吸引。這也應證了一個真理：遇到的人，都會是自己當時的狀態投射。如果用條件去找尋對的人，肯定也會遇到和我有著相同價值觀的人。

一直以來，當姐妹間閒聊「妳最愛誰」、「誰傷妳最深」的時候，我都會連線緩慢，總要思考非常久，因為我真的想不起來，彷彿那些曾經的記憶都被瞬間刪除。

過去的我，從來不曾在感情中體會過跌倒，體會愛而不得的至暗。因為我總能早一步發現「不適合」，任何不如我意的風吹草動，我都能優雅的輕盈轉身。在分手後果斷的把彼此的對話紀錄快速刪個精光，僅僅需要一秒鐘，再把過去的合照順便封存，整個過程大概只需要幾分鐘。反正不是我的問題，何必傷心呢？這個不行，沒關係，換下一位。

突然看見這個自私與怯弱的真相後，開始發現，身邊似乎也有不少人，都習以為常的窩在兩人沒有過多交流的關係裡。即使彼此沒有深層理解的動力與能力也沒關係，兩人之間無話可說也沒關係，只要眼前這個人，滿足了自身最重視的「需要」，那就算是愛了。

將人性的弱點拆開來看，是既軟弱且膽小貪心，人們在心中塞入了滿滿的「需求」。如被愛的需求、安全感的需求、被無條件接納的需求……於是，我們都毫不懷疑的認為，所謂對的人，就是可以一次滿足最多需求的人。越來越多的關係，仗著「我需要」所以「你應該」，彼此權衡利弊；漸漸的，對方內在靈魂的本質似乎越來越不重要，而是眼前這個人可以提供的實際價值有多少。

於是，有些人開始飢不擇食索取別處的愛；有的人為了保護自己，變得更自私自利。令人不禁開始懷疑，我們本來以為的「愛」，只是一場美麗的價值交換？

真正的愛，是把對方當成獨立的人來珍視與尊重，而不是符合自己需求的某樣物品；接受對方的喜好、生活方式、價值觀、真心疼惜對方的一切、理解對方的為難，並且願意放下源源不絕的索求和控制，走出自我預設的條列式心機劇本。

真正的愛不會帶來痛苦，它是一份禮物，但得要先經歷一些領悟。

✦悄悄話

人與人之間的關係，本質上是一場價值交換，愛情當然也是。但所謂的「價值」，也可以展現在這個人是否能給予你更多的觀念提升、帶你看見更大的世界、給予你靈魂被滋養的感受，這些都很重要。

每個人都想要趨吉避凶，但了解自己與對方的內在本質，才有辦法看到真實。

05

害怕受傷，就會失去體驗與成長的機會

「當完全不計較得失去給予時，對方只能被動接受，掌控全局的人便是自己。」

身邊有一些姊妹是愛情中的烈士與勇者，愛上就願意付出所有，掏空自己，在愛裡多卑微都願意。無論對方劈腿幾次，都可以睜一隻眼閉一隻眼，性格與底線為對方一改再改、一退再退，即使對方不願付出都沒關係，不用承諾也沒關係，對方是否有愛她也不重要。

她唯一在乎的，就是一旦選擇了要愛，就要愛到極致才心甘情願。

她說：「我不用對方付出什麼，光看到他的臉就覺得戀愛了。」

「下跪哭求什麼的，還好吧？那有怎麼樣嗎？」

「妳記得我上一任男友嗎？有一次他說覺得我IG照片PO太多，就是刻意放線給其他異性，他覺得很不開心。」

我說：「那妳怎麼做？」這是什麼無理取鬧的人，如果是我一定會跟他吵到底，自己沒安全感自己解決。

她說：「喔，我直接不用IG了，直到後來分手才開始用。他不喜歡，我幹麼做。」好友沒有任何壓抑，就是一切以愛人的想法為優先。

每次聽到都覺得很不可思議，畢竟這是我不曾經歷過的愛人模式，也曾深深懷疑這樣的愛情真的會開心嗎？我才不可能委屈自己。

直到後來，有一次她說：「因為我覺得願意給愛，願意放下自我，包容對方一切的人才是真正強大。這樣才算是真心愛人的樣子吧。**因爲妳可以自己選擇要給還是要收，不是等對方來愛，不覺得很浪漫嗎？**當妳完全不計較得失，完全給予的時候，對方只能接受，掌控全局的人是妳自己。」

「一直害怕受傷，確定了才要愛，這根本不是愛吧！」她霸氣的說。

用極致付出與大量自我犧牲，讓對方感到愧疚的愛法，在我看來似乎也有些零和。行為的背後，多多少少隱含著自己生命未解的課題，或是內在傷痕尚未痊癒的焦慮，只能依靠付出來獲得權力的控制；但是，相較於自己，我仍覺得這樣的她，其實挺勇敢且令人佩服。

當盡力的愛到底之後，雖然會經歷一番痛苦與折磨，但她能做到真正的問心無愧，愛過也痛過，她說：「這才是活著。」

也慶幸我們的性格是極端的南轅北轍，彼此遇到情感問題與狀況時，都能給予對方不同的見解。她經常建議我，試著放下那些非要看到被愛證明的執著，非要感到安全感飽滿才要信任的疑神疑鬼。試著給自己一段時間，練習無條件的只因為愛而愛，而非總是前進一小步，看到了黑影就又往後逃跑五十步。

忍不住向她討拍：「他已經一小時沒有回我訊息，但我還是又傳了，我覺得自己卑微到塵埃裡了。」

她總會幫我跳脫可憐兮兮的受害者思維，說：「這真的沒有什麼了不起好嗎！」

而我則是提供她各種Q式哲學的人性觀察，以及對待不同類型的人，該用怎麼樣的心態與表達方式，讓對方明白她的真實需求與感受，不必一味的壓抑不說，或莫名的因為內耗到了臨界點而選擇神隱消失。像她這樣總是給予愛的人，內在必定獨自承受著無人知曉的委屈。

在學習愛的路上互相扶持，彼此都持續學習接納真實，看到自己的潛意識人格與恐懼，迎接更多隱藏版的自我。假如將我們兩個混在一起、揉一揉，出來的一定是個超級平衡的強大靈魂，**既懂得付出愛，也懂得享受被愛。敢於付出眞情，又不怕被情所困，可能是一種最高等級的愛吧？**

行文至此，腦海浮現了一個畫面。

在一道綿綿長河的兩邊，站著不同心態的兩種人：一種人，習慣站在岸邊觀望，不敢付出全部的情感，不敢下水，因為太害怕受傷，於是選擇冷靜的觀察，以保持絕對的理性。因為如此，他們無法感受在愛裡深刻的滋潤。另一種人，則會非常勇敢的一躍而下，就算岸上寫了「水深危險」，他們都無所畏懼，讓自己被河水浸濕，感受水中真實的溫度。但同時也會被捲入河水裡的暗礁或被石子劃傷，於是傷痕累累、狼狽不堪，心中充滿無法放下的執念。

當你願意先把自己愛滿，就不再需要權衡，不再需要占有，不再只是觀望。**此刻內心充滿源源不絕的愛，於是敢給予，也不會再因爲給予後沒有得到相對應的回應，而痛苦不堪。**

✦ 悄悄話

讀到一句話叫「深於情，而不困於情」，我覺得是一種非常美的強大狀態，因爲既敢心甘情願的深情去愛、去給予，又能不過度執著得失讓自己受困其中。能活成這樣的生命狀態，肯定需要內在豐盛飽滿與無懼。

06

挫折與跌倒是人生給的疫苗

「一個人要成長，就別害怕經歷打擊，
因為人在舒適圈中不會醒。」

還記得打完新冠疫苗後，身體發冷又發熱，反覆發燒極度不舒服，什麼也做不了只能躺在床上，靜靜休息等待身體修復的時刻嗎？

在昏昏沉沉的那一刻，突然覺得，人生好像也是這樣的。我們都會在不同時期，被不同的挫折重重打擊，跌入深淵，對人性感到失望透頂、覺得自己身處地獄；也可能覺得自己碎裂到快要撐不下去，可是每一次，我們不只走過了，升級了，還會得到新的抗體。

每個人無論先天條件如何，在世間行走必會經歷很多的難關。**唯有在低處看過不同的風景，才會學得眞正的溫柔謙卑，眼神裡的光芒會變得很不一樣，人生只能邊走邊悟。**

過去一直有著這樣的感覺，我似乎無法真正融入任何看似「主流」的圈圈，如果硬去追逐或因為好奇想體驗，最終，總會被各種外力或事件彈開。

記得剛滿十八歲，與姐妹一同盛裝打扮第一次上夜店，畫著上揚的眼線，貼上長長的假睫毛，讓自己看起來像個冶豔成熟的女人。也記得二十幾歲，偷偷摸摸地在三更半夜溜出門禁森嚴的家，踏入那炫目的、震耳欲聾的五光十色；在擺滿香檳的包廂，陌生人們眼中的各種曖昧打量、女孩們臉上堆滿笑意，實際上卻是暗自競爭。大家都試圖讓自己在那個環境中，成為既有趣又有魅力的人。

那些大家明明不熟識，卻要喊彼此是寶貝的日子裡，我常在喝到微醺時，看著化妝鏡裡的臉，問她說：「嗨，妳是誰呀？」迷惘的人，就會吸引同樣迷惘的圈圈。大家都想要找到自己的歸屬，但若不真正屬於那裡，總免不了惹到誰、看不順眼誰，莫名的被丟擲惡意與攻擊。

我此生修練的課題裡，有很大一部分是「關係」與「學習真正懂愛」。曾經感到極大的徬徨與迷失，不明白為什麼我總是那個沒有惡意傷人，最後卻被捅刀的人？

很多人覺得我高情商，嘴甜好相處，粉絲也幾乎都是女性，認為我十分容易親近。這都源自於過去的我，很常被女生當成攻擊目標，總被當成表面愛妳、背地裡恨透妳的那個角色。若是沒有過去的當頭棒喝，我不會從中學到人與人相處的眉角，收起氣燄的鋒芒，真誠對待每個人。

也因為這些經歷，從此我的生命裝備裡，被賦予了能從細節處觀察人的能力，真心對人的溫柔姿態，面對莫名其妙的惡意，也總能理解及迅速放下。

幸運的是，宇宙間萬事萬物似乎都有某種吸引力，當我們的心態與看世界的想法改變，就會成爲一塊巨大的磁鐵；透澈的自我反省、練習內在的強大後，後來收穫的友誼，都是滿滿的舒適與相互滋養的關係。友誼裡，再也沒有那種活在四面楚歌下的不安感。

想起小時候常跟家人去爬山，有一次在走下坡路的時候，爸媽叫我慢慢走，放慢速度不要用跑的。但我偏偏不聽，覺得下坡路斜斜的就像溜滑梯般有趣，於是我掙脫了大人想抓住我的手，硬是加速狂奔。後來的結果是我重重的摔倒，滾下那個山坡。好像有點笨，是一種愚勇，但也許我的靈魂裡就是有著「要親自試過、不怕跌到」的信念吧！好，現在我知道在有些狀況下，不要奔跑，要乖乖減速了。

很多人會在情感不如意的時候，把這句話掛在嘴上：「再也不相信愛情了」。我覺得把這樣的念頭植入腦海很可惜，**感情中的挫折，並不是要讓人從此失去信念，一蹶不振，而是要讓你看到在過程中會經陷入的盲點，還有讓自己越來越好的契機。**

不論是抱怨絆倒自己的石頭，或是過度沉浸在疼痛的傷痛中，都請記得設立一個停損。回過頭看看自身的問題點，讓這次的跌倒換取更深刻的經驗，這樣一切就都沒有浪費，對嗎？

悄悄話

生命並非都是一路坦途，途中必然會遇到路障、碎石，但當我們變得強大，就會發現那些曾經絆倒我們的不幸，回頭看，是拯救我們的幸運。一個人要成長，就別害怕打擊，因爲人在舒適圈中不會醒。

07

自信的三種不同樣貌

「愛上自己的可愛，
不再透過比較或他人羨慕的眼光來增加能量。」

最近新的社群平台「Threads」崛起，許多人發文說，過多的社群媒體要兼顧，令人越來越焦慮，看到上面有一個很有趣的新詞叫做「穩焦」，指的是穩定焦慮中。於是我在IG發起投票詢問大家，是否也覺得自己在一個穩焦的狀態裡？票數過了一大半。

這個世代進步太快，外界的聲音越來越喧囂，內在的聲音就越聽不清楚，於是無論外在看起來有多麼的光鮮亮麗，其實潛意識還是對自己充滿了不確定與不自信。所謂的自信，只是硬撐出來給別人看的保護色。

我也曾有過這樣的狀態，不認為自己寫的東西能夠帶來價值或意義，文字總是寫了又刪；也自認身材沒有特別好或長相特別美若天仙，修圖軟體打開推了又推。內在會有個聲音不時出現，在耳邊悄悄地說：「妳不夠好，妳真的超普。」

容易讓人感到缺乏自信的焦慮，除了外表，更多的還有自己的背景、工作頭銜、學歷、人脈眼界等，社群一打開，總是有人比你厲害、比你幸福、比你成功，還比你自律且努力。

身邊也有不少姐妹跟我說，當她遇見條件比自己好的對象時，內在產生「自己不夠好」的自卑感就會特別強烈。於是會去觀察對象點讚與追蹤的女生，如果是更美、學歷更高、背景更優渥、生活更豐富，她就會覺得自己輸了。

即便我告訴她：「**妳才沒輸，妳要思考的就是因爲妳很棒，身上有著別人沒有的珍貴特質，每個人都是如此的獨一無二。**」也難以平撫她內心的焦慮。

在這個資本主義的世界裡，人們已經將成功與美，定義出一個僵化的型態，然後植入你我的潛意識裡，以至於好好地傾聽自己變成一件難事。如果我們深陷其中，代表認同了那樣的價值觀，那麼也會用相同標準來衡量他人，若不跳脫出來，將無法獲得真正的自信與自由。

「認爲自己不夠好」背後的低價值感，會讓人喪失最原始的自在與可愛。而社群上那些比較，也許會帶來危機感，促使我們進步與努力，下定決心變美、健身、閱讀、學習新技能提升自己等。但背後的驅動力如果是恐懼，那麼過度在意別人眼光的焦慮將如鬼魅隨行，隨之而來的，不是積極向上的動力，而是內耗的地獄。

更需要注意的是，不自覺在關係裡將自己放於低位，很可能受到有心人操控與打壓。當你過度抬高別人，就會讓對方嗅到自己身上的自卑，認為不需要尊重或珍惜你也沒關係。

看過一段脫口秀的段子，揶揄地說著為什麼男性總是可以「那麼普通卻又那麼自信」，這也是「普信男」一詞的由來。在過去的社會氛圍裡，女性如果展現自信，無論是身材或能力，往往容易被異性甚至同性貶低與攻擊，導致許多明明很優秀又有才華的人，因為害怕他人的眼光、害怕自己被評論「又沒什麼，竟然還敢⋯⋯」而不敢讓自己綻放，這些老舊思維應快速將它拋得遠遠的。

培養真正扎實的、從內在長出來的自信，其實會經歷三個階段，這也是我個人的經驗。從我身上體會的，分別是「展演」、「接納」、「信任」。

第一個階段，需要別人大量的肯定，想透過他人給予的反饋、社群上的按讚數、與姐妹互相稱讚、工作上取得的成績，來證明自己是優秀強大的，透過「展演」，讓大家看到最有自信的自己。這個階段，你會將身上缺乏自信的地方做各種升級，累積實力，然後獲得「原來只要我想要，我也可以做得到」的自我認同感。

第二個階段，你會發現無論怎麼追逐與比較，這條路上永遠沒有盡頭，永遠有人更成功、永遠有人更美好，就算別人再怎麼稱讚你很棒，都會覺得這不是真的。於是開始思考，到底是哪裡出了問題，如果沒有外界賦予的肯定，刪掉那些浮誇的讚美詞之後，自己是誰？價值感又從何而來？

在這個階段學習向內覺察，你會悄悄經歷一番內在的沉澱與梳理，想找到生命中真正有意義的事。因為看到了自己的不足與局限，也從排斥慢慢走向「接納」，與自己真實的模樣和解，這是一個讓內在的愛慢慢發芽壯大的過程。

第三個階段，原來「自信」是一種內在對自己的「信任與信念」，它與任何條件無關，而是與你如何看待自己有關。**任何時刻，人們的自信來源都應該是出於對自己的珍愛，真心覺得自己很可愛，不再透過比較或他人羨慕的眼光來增加能量。**

此時的自信是溫柔舒展、沒有侵略性的，是一種真正的鬆弛感。面對任何關係，都將不再患得患失，更不會因為害怕被拒絕而先落荒而逃、也不會因為渴望被人喜歡而刻意討好。你將全然的體悟到，自己就是愛的本身，要選擇愛誰或不愛誰，都將順心而為、操之在己。

自信與愛自己都可以後天養成與學習，這兩者之間是隊友關係，很難看見一個自卑的人很愛自己。反之，一個深深愛自己的人，所展現出來的氣場是自在且從容不迫，沒有刻意也沒有競爭。

記得，你的存在就是如此的珍貴且可愛呀！

悄悄話

你目前正處於自信的哪一個階段呢？每個人有自己專屬的花期，每朵花也都有自己的顏色。無論目前的自信能量處於哪個階段，請接納並信任，試著調整對自己的評價，唯有先懂得愛自己，才能教會別人該如何愛你。

08 找回心中封藏的愛

「愛人是一項能力，是需要後天習得的，是從給予的過程中，體會到自身的強大與富足。」

「不知道我是不是沒有愛的能力，是不是真的不會愛人？到底怎麼愛人才叫付出？」

這個問題常常盤旋在我腦海裡，我思索很久，也常懷疑是因為註定的那個人沒出現，還是就算他出現了我也愛不好？

翻開佛洛姆的《愛的藝術》，書中說**愛人是一項能力，是需要後天習得的，是從眞心給予的過程中，體會到自身的強大與富足。**而大多數人體驗到墜入情網的觸電感受，如癡如醉像偶像劇般的夢幻體驗，只是將雙方的瘋狂愛戀視為一種高強度愛的證明。但本質上，只是內在孤單的兩人，像抓著救命浮木般纏著彼此，想逃避自身的課題。

我在過去的關係裡，每當遇到爭執時，最常被對方抱怨的是「不懂得付出」、「眼裡只有自己」。我常常無法理解對方想要什麼，對方期望如何被對待，感到脆弱時又希望如何被接住。經過這兩年的覺察練習，理解到這些行為的本心上，是想要對方能更愛我，而我想用最低成本得到最大的愛。這可以滿足內心小我的兩大需求：一、不用付出太多，更不會失去自我，萬一被傷害就不會太痛苦。二、讓對方疼愛我。看來這兩項，都不是佛洛姆說的「真心給予」。

曾經有一次，和男友大吵了一架，具體的事由已經印象模糊。但那天我因為意識到自己確實有錯，想要道歉，於是寫了反省的卡片、買了補償的禮物，誠心誠意的希望他能收到我的用心。那天男友不但訊息回覆很慢，最後甚至跟我說他很忙，今天不見面了。

被拒絕之後，我感到一陣耳鳴與崩潰。心理的防禦機制瞬間開啟。「他怎麼能對我如此冷漠？怎麼可以不心疼我？怎麼會無視我的用心？真正愛我的人不會捨得讓我失望。他應該是有別人了才會這樣不在乎！肯定是這樣吧。」恐懼迅速在腦海中認證那些未求證的臆想。

上述一連串的不舒服，濃縮成一句：「沒事，不用見了，封鎖了。祝福你。」看似很帥，其實內在脆弱不堪。因為焦慮所以選擇迴避，內在的小我，需要時時以保護自己為優先。不願意給對方時間，不願意了解對方可能的難處，只在乎迫切的需要得馬上被解決，否則就自行毀滅一切。這是過去的我，一再重複的迴圈。

如果帶著此刻的覺醒回到過去重新選擇，我會學習接納並不批判自己的脆弱，安撫自己的恐懼，不輕易崩潰。

對愛人有疼愛之心，不會情緒勒索對方，願意在作出每個決定、傳出訊息的當下，先停下來思考：「這句話為什麼要這麼說？說出來是因為想丟擲情緒，還是真心想溝通？」、「究竟是為了達到自己的目的，還是因為愛對方所以希望他能快樂？」如此反覆練習，就能往內在去探索，走出過去限制自己的慣性思維。

◇◇◇

關於不會愛人

關於自己為什麼不會愛人的原因，我一直在嘗試向內挖掘答案，不管是大量閱讀心理學的書籍或是經過自由書寫，努力想透過各種方式找到真相。後來，在一次的催眠諮商中，藉由夢境分享，終於找到了那把塵封已久的鑰匙，開啟記憶中被上鎖很久的古董櫃子。那是一個讓我印象深刻，畫面清晰的夢境。

走進一個小房間，裡頭是一個古董的展示櫃，深咖啡色的木紋上有著精緻的雕花，櫃子下方有一個抽屜，我蹲下來拉開抽屜，映入眼簾的卻是超級駭人的一幕。抽屜裡是滿滿的鸚鵡屍體，牠們有著不同的品種與顏色，大小不一。但同樣的是，牠們都遭遇了殘暴的虐待。無論是翅膀被扯下或是腳被凹折，有幾隻甚至身上纏繞著繃帶。

驚嚇之餘，雙手顫抖著捧起其中一隻，雖然已奄奄一息，我仍希望能救活牠。原來，造成這些鸚鵡死亡的人，就是我自己。

一直都有在床邊放日記本記錄夢境的習慣，驚醒後，把這個夢境寫了下來。想起榮格曾說：「夢境是通往自我整合的道路。」十分好奇我被壓抑的潛意識裡，究竟隱藏了什麼樣的訊息。

催眠師一步步引領我回到童年時期，那是一段塵封的回憶。回到小時候，找到那位小女孩。

因為家人的寵愛，她養了許多寵物，其中有兩隻白文鳥，全身潔白如雪、鮮紅的小嘴鳴叫出輕盈悅耳的聲音，令小女孩愛不釋手。小女孩的性格有些驕縱、有點喜新厭舊，後來當她吵鬧著要養小狗，再度如願以償的獲得一隻馬爾濟斯。

有了新寵物，她的心思都在小狗身上。但悲劇發生了。某天當她想將小鳥從籠中取出放風時，只看到其中一隻鳥焦慮地在籠底跳上跳下。「另外一隻呢？怎麼消失了？」她突然間感到害怕，大聲喊著要媽媽過來，她把小手伸進鳥籠，想掀開裡頭懸掛的巢箱，看看有沒有在裡面。

可怕的一幕就從那時開始，看到了小鳥的屍體。鳥兒的腳因為不慎纏繞了巢中的棉線，受困多時，導致牠痛苦且僵硬的死去。媽媽聽到哭喊，見狀丟下一句：「妳看小鳥好可憐喔，都是妳害的，沒有好好照顧牠，是妳造孽。以後不給妳養了。」

已是大人的我，重新回溯這段童年記憶，哭得淚流滿面，也看到原來深層的內在埋藏這麼多恐懼。深信著：「千萬不要付出，否則會被害死。」、「我不懂得愛護，所以我不要負責。」等念頭。這些創傷記憶仍像幽魂，時時刻刻用我沒意識到的方式，緊緊跟隨在我的生命裡。

「別害怕，妳不是故意的，妳很愛牠，好好跟牠道歉，我們下次可以做得更好。」我重回潛意識，抱了抱那個小女孩，感受到一股暖暖的力量，那份深埋的恐懼也逐漸被安放。

原來「不懂得愛人」或是「會把愛搞砸」這個標籤，一直是我強加給自己的限制性信念，這個潛意識的標籤，讓我在關係裡停滯不前，把生命與關係活成了疏離與迴避的樣子，如今，終於可以大膽的將它撕下來。

請相信，我們天生就擁有很多愛，我們就是愛本身。

悄悄話

妳在親密關係中是什麼樣子，是否與兒時記憶有關？童年的經歷會造就我們成人後的許多行爲與思考模式，是否還記得小時候的自己是什麼樣子？妳曾經有哪些害怕的事情還卡在心底？記得，此刻的我們已經勇敢且安全，可以保護好自己。

做幾個深長的呼吸，問問自己上述的問題，搭上內在旅行世界的班機，與自己整合與和解。

另外，還有幾種方式可以開啟內在探索。找到一個舒適安靜的環境，先深呼吸、冥想放鬆後，進行自由書寫。拿出紙筆，從「我覺得」、「我現在的心情感到⋯」開始寫，不用中斷、不用思考架構，會有很多有趣的發現喔！

09

自我不死，是一直重新生長

「自我可以一直創造與重塑，
只要你願意，每一刻都將活成嶄新的自己。」

「我好像愛到失去自我了。」
「我不喜歡現在的自己，因為只要一談戀愛，我就會當機失常。」
「只要遇到真正喜歡的人，我就會變得好奇怪。」

這些內在失序、對自己的行為與判斷感到陌生、下墜與迷茫的感受，相信是許多人在愛情中都曾經歷過的體驗。過去我也認為必須要堅守與抓緊自己原始的性格和思維模式，才能算是一個有原則的人。彷彿像是我的船錨，如果沒有了它，我就會在一片汪洋中漂泊，隨著大浪一波波重擊，而有下沉的危險。

因為緊抓著「自我」，導致過去在面臨關係的矛盾與爭吵時，會非常強硬的認定「這就是我要的」、「我才是對的」。盡可能的說服對方達成我認知中的期待，如果遇到與我內心相斥的情況，便會感到極度不適，認為對方正在剝奪真實的自我，阻止我「做自己」。

是否認同：「愛你的人不需要你改變，他會愛著你最原本的樣子。」如果你像過去的我一樣，對這句話深信不疑，那麼就很有可能落入了固定型心態的僵化思維中。

試想，假設原本堅持的自我慣性是任性的、驕縱不知感恩的、逃避溝通的、我行我素的，若仍堅持抓著它不放「做自己」，就會把自己推入重複的陷阱中。**如果不會質疑過去內建的導航路徑是否正確，很有可能會把路導進死胡同裡。**

有時也會看到身邊許多人，在關係裡把認為「自己不夠好」、「不值得被愛」的恐懼，視為「自我」的一部分。當發現喜歡的對象追蹤了別的女生時，便會立刻下意識地陷入「自己輸了、自己果然不夠好」的困局裡。不論旁人如何解釋事實真相不是如此，告訴她可以試試不同的想法，最後卻換來對方說：「因為我就是這樣的人，我不用改變，不用覺得自己很棒也沒關係吧！」

身旁擔心的友人最後只能順從她，當一個傾聽的角色，不再給予任何建議，因為這才是會讓她感到安心舒適的相處方式。這都是典型的把內在「恐懼的自我」，錯認為「這就是最原本的我。」的混淆概念。如果不曾經歷與面對生命的挑戰，願意發自內心的打破自己、勇敢的重塑自己，將難以看見這些真實。

這幾年接觸了佛學的「無我」與「放下我執」的相關理論，終於發現過去我總被「以為的自我」（佛學稱為小我）操控著一切認知與情緒。佛學認為自我的概念是虛構的，其實並不存在，人們對小我的抓緊，會產生許多錯誤的信念。像是自私的慾望、強烈的執著、個人主義、惡意、比較、憎恨等，人與人之間的衝突、甚至是國與國之間的戰爭等，是世間所有惡意的起點。

什麼是小我？「小我」在這個越來越流行靈性覺醒、人人開始有意識關照內在探索的時代，大家對它應該不算陌生；小我＝我們無意識的，由大腦給予的限制性信念。它會批判對錯、好壞，它會不安焦慮，它會意圖控制，它是過去經歷造成的制約。

如果用腦科學的方式說明，它是腦中海馬迴（記憶儲存）與杏仁核（判斷該製造什麼情緒）的主控台和方向盤。就像皮克斯電影《腦筋急轉彎》（Inside Out）一樣，不同的記憶儲存區，會觸發不同的情緒中樞，進而導致外在的行為。

「小我」對「理想中的期待結果」、「絕對的確定與安全感」、「應該要這樣才正確」，有著強烈的渴望與控制慾。

如果我們選擇覺察，不繼續餵養與壯大那些焦慮，不全盤聽從小我的建議，不深信「小我」＝「我」的組成，就能在人生的劇本中，開啟不一樣的篇章。**不受情緒與無意識行爲的控制，觀察並讓它自然經過，便能找出眞正擺脫內耗與痛苦的解方。**

舉個例子具體說明。與好友聊天時，他說：「沒辦法，我就是一個多愁善感的人。」

我說：「是嗎？其實，多愁善感只是你在某些狀況下的『特質』而已，你也可以很理智，所以多愁善感並不能代表你。我偶爾也會多愁善感，覺得許多時刻都像詩人般浪漫，但我不會認為這個特質就等於我。」他才恍然大悟。

那麼，我們該如何拿回主控權呢？

一、需要意識到，大腦有一位喜歡發號施令的CEO存在，停下來關照我們的心，保持覺察，看看長久以來執著的那些心緒，是否真的對我們有益？

二、理解到所謂的「自我」並非固定不變，用個簡單的比喻，我們十歲時認為的自我，與三十歲的自我是完全不同的兩個人，對吧？

「自我」更像是一種液體，它可能是一缸水，而隨著生命的流動，將會往缸子裡倒水或倒水出來，變成不同的內容液，可能更好也可能更壞，它是持續在變動的。

當腦海中許多設定的框架受到衝擊時，情緒與感受就會產生強烈的不適。框架像是牢籠，撞上的時候會感到疼痛，但人們會因為待在籠中相對感覺安全，而把自己鎖於其中，活在非常主觀且二元對立的「自我牢籠裡」。當你發現這些困著你的小我，其實根本可以不存在，會活得越來越輕鬆。

接下來，聊聊關於愛情裡的「自我」。

愛，使人飽受考驗，也使人完整。使人受難，也使人純淨。正向的關係需要尊重、照顧、原諒與接納，缺乏智慧與慈悲的事物都將難以長久。大部分的男女關係陷於控制權、需索、賭氣、爭鬥與互相傷害之中。

遇見一個能敞開身心的愛人不容易。即便是帶來痛苦的愛人，也可以因為經歷過他們而生長。當我們在愛，是在嘗試突破身心的界限。但為什麼經常以離別和逃跑告終？也許，「突破」意味著需要有足夠力氣去接受一部分自我的死亡。

在關係裡愛得撕心裂肺、載浮載沉、期待落空時，相信你我都曾體驗過那種內在碎裂的感受吧？恰恰就是這些內在自我的更迭，使我們成為了更完整而強大的存在。

如前所述，曾經我也認為兩個人在磨合的過程中，像是經歷一種慘烈的肢解，痛苦到懷疑自己遇到的不是靈魂伴侶，而是冤親債主。經過幾次撕裂與崩塌，我才發現，其實自我並不會真正死亡，相反的，**自我是一個持續更新的 IOS，當過去的系統已不適合眼前的最新軟體，就需要升級並將木馬程式移除。**

心隨境轉，後來我再也不執著於哀悼陳舊的自我，不再固守於自我得是某種既定的樣態，我會臣服、陪著、看著它不斷生長。也許我們還達不到佛學中的「無我」，但我不再認為「改變自己」就等於「失去自我」了。

當能明白生活是靠「進化」大於「造化」，就不會耽溺於自我的死去與失去，可以隨時觀察自己是否有意識的選擇，並保持彈性的讓自我換上新的形式，帶著過去的底蘊與故事，一次次進化成新版本。

其實，我們從來都不會失去自我，只會持續更新自我，甚至鑄造自我。而愛，是最有力量使之長出新的樣貌、賦予全新意義的一種珍貴燃料。

悄悄話

如何分辨兩人是磨合還是不適合，是一道經常被討論的關係議題。

思考你在關係中感到正在犧牲且痛苦的「失去自我」，還是自發性的為了珍惜彼此而選擇「放下自我」，看看驅動你繼續留在一段關係中的本源，究竟是愛還是恐懼，眞誠面對自己，答案會更明確。

10 成長的路，一路前行一路丟棄

「彼此的生命目標與靈魂蛻變的方向不同，慢慢漸行漸遠是很自然的事，人與人之間，曾經彼此陪伴與照亮就是善緣。」

一直都非常喜愛花的姿態，日常也總喜歡買花到家中投瓶。空間裡一旦擺放了鮮花，整體的氛圍就顯得好不一樣，充滿了生命力，令人沉醉。

花的世界裡充滿了哲學與禪意，例如，要讓花藝作品展現最美的樣態，最重要的不是手法或技術，也不是關於美感或色感的洞察，而是先學會取捨。

拿到花材的時候，第一步是在手上旋轉、觀察每枝花的生長模樣，將最美的花面保留，其他不需要的就果斷摘除或剪掉。必須如此才能讓花束保有輕盈靈動的空氣感，如果捨不得，最終的作品就會讓花材擠在一起，無法呈現平衡而和諧的樣貌。

最初習花時，也總是好心疼那些被剪下來的花材，捨不得剪短、捨不得摘除葉子，直到後來才漸漸學會：**要完成最終的美，是需要經歷整理與取捨的**。無論花或禪修，所談的都是放下與斷捨。

人生旅程走到了此刻，發現過去緊抓的念頭也鬆動並修剪了不少，成長的路上就跟花藝作品一樣，需要丟棄、需要修剪。

記得曾經收過一個私訊詢問：「以前好喜歡關注你和誰誰誰很要好，為什麼你們現在好像很少出去了？」

通常被這樣問，我心裡都會想：「啊，看來這個人的價值觀裡，對於要好的定義，就是需要時時緊密相連，不能告別的吧！」很難用三言兩語解釋，後來我就只會笑笑反問，你跟學生時期的好友，到現在仍天天聯絡嗎？

人在逐漸成長與變得成熟的過程中，會經歷一段內在矛盾的打結，心與思想已經漸漸覺醒，但是大腦與害怕別人眼光的恐懼，仍被社會框架限制著，形成一種內在衝突。

明明心中已明確知道，眼前的這份友誼以及部分吃喝玩樂的社交關係，已經不能滿足彼此內在的滋養，但為了維繫自己在社會上、別人眼裡「看起來人緣很好」的安全感，就會讓人害怕拒絕。也害怕自己如果不出席某些聚會，將變得越來越邊緣，於是勉強自己違背內心的聲音、戴上面具，維持表面的友好與社交禮儀。

當這樣的聚會結束後，整個人會感受到極大的能量被消耗，明明想放鬆，卻感覺更疲憊。就像捨不得修剪的枝葉，最終會分掉本該讓花朵綻放的養分。

強化自己的邊界感，社交但不過度與誰都深交，這需要許多對自我的認清與勇氣，才會主動的篩選你喜歡與想要的社交模式與對象，辨識出真正對彼此有益的價值。這裡說的有益並非市儈的利益導向，單純給彼此帶來發自內心的快樂和心靈充電，也是一種有益。

成長與前行的路上，若彼此的生命目標與靈魂蛻變的方向不同，慢慢漸行漸遠是一件很自然的事，人與人之間，曾經彼此陪伴與照亮就是善緣，其他的一切完全可以隨緣。

當你越來越了解自己的時候，一段友誼「認識的時間長度」並不能作為兩個人是否熟悉彼此的主要基準。**雙方是否一直在生命中同步前行才是。即使不經意的走散了，也願意溫柔告別，對於往後的相遇，更懂得珍惜。**

除此之外，我斷捨的還有喜歡慣性爭辯與提出不同看法的衝動。生活中會遇到有些人，他們的口頭禪就是「不是」、「不是，我跟你說」，明明雙方說的是相同的事情，他仍然可以把一模一樣的概念，硬是用自己的方式再重述一次。

有這樣習慣的人，往往不會發現自己正迫切地想要被關注、渴求對方重視與尊重的潛意識，和他們對話時，會感受到不舒服的控制與壓迫感。雖然我沒有這樣的口頭禪，但我也逐漸意識到，自己是一個表達慾與分享慾過剩的人。

舉例來說，與男友去吃了義大利麵，如果他說這是他最喜歡的店，裡面的料理有多麼美味，一邊開開心心的分享、一邊期待我的反應。但我就是會在吃完之後，完全吐露真實想法的人。

如果很好吃，我會一起讚嘆，給足對方情緒價值；但如果覺得普通，就會像美食評論家一樣，說出餐點還可以如何更好，我還吃過哪一家餐廳更棒。這樣的反應，可能會讓對方掃興與失望。

你或許會覺得：「為什麼要那麼矯情，難道不能做自己、不能真實的表達嗎？明明是對方不該玻璃心吧！」過去我也是這麼想的，但現在卻發現，並非在任何狀況下都要急著表達自我，我們可以把重視對方的心意、希望對方開心放在更重要的位置。之後再悄悄訂好餐廳，帶另一半去吃，而不是在當下就讓對方感受到滿腔心意被潑了一身冷水。

過去在回話的習慣裡，也曾無意識地想爭輸贏。如果對方告訴我他的感受如何，覺得我很冷淡，訊息回覆速度很慢，我也不會在第一時間放下自我去傾聽，而是馬上變成辯論大會的選手，冷靜的問他：「好，我們先定義一下何謂冷淡，因為我並不覺得我有，只是我們的標準不太一樣。」、「所以你覺得訊息應該要多快回覆，才能讓你感覺被在乎呢？五分鐘內嗎？」

如此一來，對方只會更加生氣，拒絕和我分享真實想法。因為當下他只會感受到「我更重視自己有沒有被誤解」而非「真心想聽見他的感受」。這也是我過去卡關好久的點。

曾經認為溝通中「充分表達自己很重要」，為什麼對方要生氣？但回頭一看，就會知道以往的表達方式過於以自我為中心。若先讓對方完整說完，接住對方的情緒之後再表達，才不會顯得過於囂張跋扈。這也是我斷捨掉的一個自我堅持。

當內心擁有充足的安全感，能給足自己愛與理解的時候，並不會害怕想法不被聽見或是被否定。相反的，會更有耐心不打斷對方，更彈性圓融的控制自己的表達慾。

一旦過度想要傾訴自己與急迫想要溝通時，對方感受到的不是在意而是壓力。有意識的管好自己的嘴，是一項重要技能，不管是吃飯還是說話。

而另一個重要的放下，是我直到近年才慢慢學會的，那就是過度期待「對方一定要無條件給自己愛」、「期待對方一定要能理解自己」這兩個心態。

上野千鶴子曾說過一段話：「女性如果精神貧脊，執著於被愛，過於渴望被認可，那無論對方享有任何能力或資源，都很難救她於現實困境。」**真正無條件的愛與理解，只能是自己給自己。當放下這份僵化的思維，允許自己自私，也允許別人自私，就能做到再也不患得患失。**

明白人們能改變的永遠只有自己，明白自己非完人，於是不再害怕「自己不被理解的孤單」，不害怕誰突然的離開。這是一種成長路上，把自己活成強大與自由的坦然。

人生的路上，一路前行，一路斷捨離，丟掉不該帶在身上的包袱，讓自己優雅而輕盈的走。

悄悄話

「有些人二十歲就死了，直到八十歲才被埋葬。」這句話是指，當我們沒有持續跳脫舊有的路徑，更新自己的思維，其實就等同於沒有好好的活著。

回看過去，在逐漸成熟的路上，放下了過去哪些思維或習慣呢？人生前半場的品質，是由自己得到與累積了什麼所決定的；後半場，則是由自己主動丟棄掉什麼來決定。將生命整理得越乾淨，學會留白，就越能呈現清新平靜的自由舒心，讓內在花園的花都能綻放應有之美。

11 練習有安全感

「當一方越想要索討安心，另一方就會想要逃跑，最終演變成一場相愛相殺的毀滅式愛情劇。」

「我想，還是跟他當朋友就好了。」

姊妹聊起她正在經歷的一段約會，認為兩人社經地位懸殊，在一起的機率渺茫。她對男方有著極度的迷戀與崇拜，總認為自己與他是不同世界的人。雖然想和對方交往，但卻不敢提出確認關係的要求，深怕一說出口，就破壞了此刻的美好浪漫，只想默默的當一個「特別的朋友」。

她時常會覺自己不夠好，看到對方身邊那些光鮮亮麗、外在與背景都更閃亮的女性，就更加自卑。漸漸的，這份原本很熱絡的關係，也不再像當初那麼自在開心。**不夠有自信、對自我價值缺乏認同，總會讓一個人在關係裡被捆綁住手腳。**

那天與好友聊到一些觀察，發現：「內在缺愛與沒有安全感的狀態，是毀壞關係的元兇。」

你是否也有過這樣的時刻？難得遇上有好感的人，一切都非常契合，但是當你感到對方「並沒有你想像中那麼上心」，可能是回覆訊息晚了、可能是在社群打卡與不同對象出遊、可能是喬不攏見面時間，內在的不安全感油然升起。原先相處時的自信魅力也被陰陽怪氣取代，最後為了「保護自己」，就告訴自己不能認真，疏遠對方吧！

換個角度想，人人都有自由交友的權力，這一切都是自然且自在的，並沒有人有義務要瘋狂的選擇我們，莫名其妙的表現積極付出，在朋友階段就奮力驗證自己的「真心」。

那些不舒服的感受，很可能來自於內在的價值感與安全感不足，需要被大量關注和餵養，才會覺得自己受到珍視。

一段好的關係確實需要雙向奔赴，但過度需要對方「先」奔赴，害怕自己先出發後會受傷的想法，可能是內在仍被恐懼占領。**如果我們能意識到自己就是愛的本身，接住並擁抱自己的一切脆弱，那麼，外界的紛擾不會輕易觸發使你感到疏離的機制，愛會眞正的流動。**

看見好友約了別人沒約你，你不會在心裡糾結是不是自己哪裡做錯，而會直接表達：「這裡我也想去！下次一起。」因為你不用靠著「朋友應該以我的感受優先，才是真心」來證明自己值得被在意。

況且對方不約，很可能是體諒你忙碌，或是考慮到你可能不一定會對這個邀約有興趣等，有安全感的人，並不會產生「一定是我做錯什麼，所以沒約我」、「算了反正我也不在乎」的內耗糾結，因為內在還有一份安全感來自於「完全信任自己選朋友的眼光」，所以在這樣的事並不存在。

在職場上，如果下意識的替自己種植「同事都討厭我，都在議論我」的種子，必然會先武裝自己。最後的結果，就是成為一個人人眼中冷漠又難相處的人；又或是帶著面具強迫自己融入，最後換得虛偽不真誠的罵名，怎麼做都是累。

實際的行為動機若是因為缺乏安全感，呈現出來的樣子就是緊繃與防備，這樣的狀態也會讓人感受到威脅。**防備並非不必要，但它應該是由智慧來建構，而非是恐懼來驅動。**

「他看手機的表情，是不是正在跟別人傳訊息？」
「他是不是有別人了？」
「他是不是不愛我了？」

這些是否都是你心中不時會出現的獨白呢？戀情中缺乏安全感，會讓彼此都感到痛苦與窒息，當一方越想要索討安心，另一方就越想要逃跑，這種關係，最終將演變成一場相愛相殺。

不少人會認為，安全感來自於選擇對象的問題。只要遇到一個「願意給予安全感」、「也喜歡時刻報備的人」就能感到穩定與心安，不可否認這是一種合適，但若是內在存有「缺乏安全感」的潛在因子，就很有可能在對方無法持續輸出給予時，如一座死火山，突然被觸發。因為，缺乏安全感的空洞匱乏就像一塊海綿，再怎麼用愛灌溉，都很難澆滿。

「缺乏安全感」是大多數人都會遇到的難題，因為小時候的我們，多多少少都會受到原生家庭植入的課題影響。**接納並看見那個脆弱的自己，好好擁抱他，就像種下一顆安全感的種子，它會漸漸茁壯，然後像藤蔓一樣溫柔環繞我們，成爲堅實的內在力量。**

✦ 悄悄話

那麼，該如何練習擁有安全感呢？當不安全感浮現時，我會試著進行下面幾個練習：

1. 覺察當下的情緒，找出究竟是觸發潛意識裡的哪一種恐懼，告訴自己這些不一定是眞的。
2. 將手放在心臟上，與自己的焦慮待在一起，做幾個深呼吸，告訴自己此刻很安全。
3. 與信任的姐妹聊聊心中的不安，然後安然地等待這份感受離開。
4. 接受無論發生什麼事，一切都會是最好的安排。

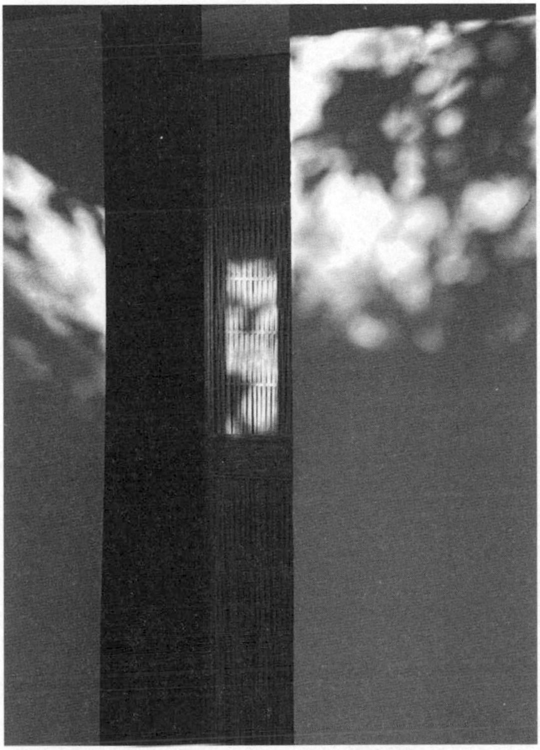

CHAPTER 3

那些在愛裡，總是還沒看見的盲點

內在成熟的大人，
可以依照狀況適時切換狀態。
當對方需要被接住時、當現況需要情緒穩定時，
能拿出智慧，理性且溫柔的處理一切衝突。

| 溫柔導讀 |

01

為什麼我們不能好好說話

「我看得見你憤怒背後的失衡受傷，
你看得見我回避冷漠後的不安與恐懼，
我們都因爲「看見」而互相疼惜。」

關係中正確的交流，決定了雙方的滿意度，能讓兩人變得更親密與更幸福；反之，則會讓人覺得越走越陌生。男女思維的差異與表達方式有著很大的不同，很多時刻女性需要的是共情和傾聽，但男性的思考方式，則會傾向直觀的批判性思考和解決問題。

「為什麼他都不願意說出自己的感受？」、「為什麼他總是冷暴力？」這些狀態如果發生在另一半身上，想必令人非常苦惱吧？在經歷了前未婚夫J的事件之後，才認識到一個心理學的專有名詞——「述情障礙」，指的是有些人在衝突發生時，難以識別自己當下的情緒，會用解離的方式回避內心真實感受，也難以向他人敘述。

另一種，則是「情緒抽離」，也是不少男性用來表達憤怒的大絕招。持續沉默，靜靜坐在一旁事不關己，放任想要溝通的一方大吼大叫，完全無視對方的存在。這是一種被動攻擊，不說話和不好好說話，同樣都是一種暴力。

過去我不理解J就是一個這樣的人，發生爭執時，我常常因為感到無助、獨自崩潰，而他卻面無表情的說著「抱歉」。但我心裡知道，他並沒有辦法真正做到共情，也無法明白我內心在意的點是什麼。

當情緒平穩之後，我會為了自己丟出的情緒道歉，也會詢問他真實的想法和感受是什麼。但他給的答案總是：「沒什麼想法，不用討論了吧！」覺得過去就過去了，討論是沒有意義的，我曾為此深感孤單。

這也是許多人在溝通時會面臨到的阻礙吧？男女的思維邏輯、感知世界的神經線真的太不一樣了！隨著更深入研究心理學，也了解溝通的底層核心，更多是來自於對方的潛意識中，在什麼樣的情況下會開啟迴避或攻擊模式，如果我們愛著對方，這些都需要深度去理解與觀察。

關係中，面對分歧與爭吵時，我們彼此都想好好溝通，但若是兩個人的頻率完全不同，無論花多久時間去表達自己，卻還是各說各話，最後不是火藥味越來越濃、兩人越來越爆炸，就是以「不想說了」或「隨便吧，都你對」的冷漠收場。

或者，因為真的不知該如何與對方冷靜溝通，只能委屈隱忍，盡量避免觸碰對方的地雷區。但這些作法，都不能讓雙方真正敞開心房解決問題，長年積壓的委屈和負面情緒也會從別的地方潛入，破壞關係。

我曾經和伴侶討論過：「為什麼我明明是溫和平靜的說出自己沒安全感的原因，希望你可以做些什麼，你卻總是感到我在索討，覺得窒息和痛苦呢？」

為此爭吵了許久，才發現原來重點在於我表達之後的關鍵，是出於「害怕不被愛」、「恐懼自己不是對方心中的最優先」。於是，無論我採取如何溫和、理智、高情商的態度表達：「我需要保持高頻率的分享，這樣會讓我覺得很幸福，你不覺得嗎？」、「我不喜歡你先去按別的女生讚，那個人是誰？」、「你在幹嘛呀？到家了怎麼都沒說一聲？我很擔心。」、「好吧，如果你不在意的話沒關係，那我也不要在意了。」都是枉然。

當時並不知道對方一直為了避免觸發我的不安與恐懼，必須隨時滿足我的需求、讓我感受到被寵愛，而無時無刻繃緊神經、小心翼翼，但內在早已筋疲力竭且感受到沉重的壓力。**只有一方不斷希望另一方滿足自己的要求，就不是溝通，而是「控制與索討」**。

關係中的爭吵，很容易到最後發現雙方根本不在同一個頻道上。一方總是情緒高漲的表達，希望另一方能好好傾聽；但另一方著重的是實際面以及如何解決問題，無法接受情緒化的轟炸。

看過一張心理學的圖是這樣的：在一個長桌的中間放了一頂帽子，一男一女分別站在桌子的兩端，各自堅持自己看到的顏色才是事實。殊不知，那頂帽子是雙面不同色。這意味著，**如果兩人只願意站在自己的那一側觀看，就無法全然看見對方眼裡看見的真相。**

有一種比「我愛你」更深遠的感情，叫做「我看見你」。電影《阿凡達》第二集中，整部片多次出現的一句話台詞是：「I SEE U.」，中文翻譯為「我感受到你」。「看見」，才是兩人產生依戀的基礎，被看見也是自我療癒的開始。「看見」需要一個人真正超越身邊固有的邊界，去理解另一個人的精神世界。這也表示，首先得放下自己的主觀，不將對方的言行理想化，而「看見」不只是看到表層，是看向靈魂，是一種溫柔的愛。

每當這句出現時，我的內心都會被深深觸動著，我認為這是一種很深的連結，並不只是字面上的「我看到你站在我面前」，而是全方位的心靈深度感知力。因為「你是你」、「你存在的本身」而被理解與接納，我不只看到你，還願意用心感受你。

如果一個人在童年的成長過程中，沒有經歷過這種「全然地被看見」，內在自我從未被傾聽，長期被灌輸著「你就是煩人叛逆」、「你就是不聽話」等權威式打壓的觀念，在這種暴力式統治下的童年，很容易變成缺乏愛、認為自己沒有價值的大人。於是，為了保護脆弱的內在，便戴上自戀自大或過度壓抑討好的面具，去面對這個世界與人際關係，終其一生都在尋找能夠看見自己的人，無止境的期待著被認同。

可惜在一段關係裡，很多時候我們會揪著自己已根深柢固的思考框架，批判和攻擊對方，認為都是對方的錯，或認為自己委屈受害，嘴上說著愛，卻沒有辦法「看見」與「感受」對方。於是漸漸地，一切的衝突與矛盾在心裡慢慢被調成靜音，因為說了也不會被理解，那麼離兩人的漸行漸遠，也就相去不遠了。

如果雙方都感覺不到被看見，真正的溝通就不會產生。真實的想法與內心的脆弱，更不會意願分享給對方。

曾有姐妹告訴我，她與男友之間不會分享任何內心感受與悲傷的事情，即使說了彼此也不會理解，無法被穩穩接住。但兩人內心也都因此感到很孤單，所以決定尋求伴侶諮商的協助。

「我看見你」，便是兩人能否好好說話最重要的核心。只因為你是你，我願意丟掉曾經因害怕受傷而穿上的武器和盔甲，去看見你、找到你，不必擔心被我批判，我是如此真誠地想傾聽你。

我看得見你憤怒背後的失衡受傷，你看得見我回避冷漠後面的不安與恐懼，我們都因為「看見」而互相疼惜。

最美好的關係，莫過於互相看見：「I SEE U.」。

悄悄話

健康的溝通能力，取決於我們是否能眞正的打從心底同理他人感受，也來自於我們是否有溫柔接納與看見自己的能力。

當我們能夠深刻的體驗與自己的連結，心中就會升起「看見」，這份「看見」是一種愛，也是一種慈悲心。你會看到對方內在的痛苦與不舒服正在讓他受苦，而願意放下武器去擁抱他，對方也能接收到被完整接納的善意，而不會再攻擊。

練習在爭執發牛時，用這樣的心態去溝通，兩人都能被愛滋養，怎麼吵都不會散，越吵感情越好。

02

我們最愛說「我覺得」

「感覺很重要，但是在感覺之外，
學習區分事實和搜集資訊的能力也很重要。」

近幾年很紅的MBTI，其中有一個類別，就是區分一個人在判斷事情時，是傾向N（當下的感知與直覺推敲），還是S（搜集客觀事實，擅用邏輯理性）。

我曾經是一個極度N取向的人，表達時的口頭禪跟許多N人一樣，都是「我覺得」作為開頭，並且十分有自信的認為，這是一個性格特色而已，相信自己的感覺並沒有什麼大問題。

直到後來有一次聚會，與認識多年的好友聊天，在閒聊的過程中，她突然說：「妳會不會覺得過度信任自己的『覺得』了？」我才驚覺，因為她點出的這件事，與我過去在情感經驗中面對爭吵時，另一半對我說出一模一樣的話。

過去曾有個他如此告訴我：「很多『妳覺得』的事情並不是事實，但妳總是會依賴自己的感覺，來傷害我們的關係。」這讓我反省自己的思考模式，其實還有很大的進步與改善空間。

我也發現不少人有相同的問題。像是姐妹與我分享，她「覺得」曖昧對象只在她的訊息上按愛心，就代表對她沒興趣；她「覺得」對方初次約會後到家就沒有繼續聊天，肯定是不夠迷戀她。

當你認真觀察與思考後就會發現，其實這些判斷並沒有邏輯，也不夠全面，因為**忽略了「對方現實生活中的性格」、「對方平時有什麼具體習慣」，在不夠了解當事者真實生活的情況下，一切都無法直接斷言。**

就像有些人認為，一個男生不停傳訊息給妳，就代表他超級在乎妳，是真心喜歡妳的表現。但，這也是許多海王慣用的招式，他可以一次傳給十個女生分享他的日常。

女性在基因演化的過程中，為了要細心多工的照顧家庭成員，天生的設定就是較為敏感與感性的生物，因此我們更容易覺察到自己的感知與情緒。如果在一段關係中，沒有感受到絕對的安全與信任，這份感知也會像偵探一般，開啟地毯式搜索的功能，不錯過任何可疑的證據。

但，你曾靜下心來觀察過，當心中感到不安時，是否會停下來與不安先待在一起，還是會順著不安讓情緒牽引你，把感覺當成事實呢？

那天，因為工作遇見了一個女孩，我們聊完合作內容後，她問我是否能聊聊她自己最近遇到的感情狀況。由於剛才的聊天過程很愉快，她也十分有禮貌且可愛，我便欣然地點頭答應。

她與男友交往多年，對方的個性安靜溫和，具備她喜歡的穩定感。他們從這幾個月開始，幾乎不太聯絡，即使兩人並不是遠距離戀愛，卻只有半個月見一次面，而且每一次都是她主動邀約，如果沒有，男友就彷彿不存在，平時各過各的。但只要她開口，男友都會出現，也都可以找得到人，對於男友的人格她是抱持信任的態度。

女孩：「我最近看到他追蹤了好幾個做特殊按摩的女生IG。」

我：「那妳會想問他嗎？」

女孩：「我不確定耶，我在想，問了他會說實話嗎？還是其實不需要問，讓他保有一點隱私？」

我：「嗯，妳怎麼想呢？」

她說她會再想想，我沒有評論，只有靜靜地傾聽。

接著她說：「其實如果有，我好像也可以接受。因為我沒有想要控制他，我覺得兩個人都是獨立的個體，有選擇人生體驗的自由。」

撇開這件事的對錯，或發生在你我身上的接受程度，我覺得她是一個懂愛人且成熟的人。

第一，她具備冷靜沉著的情緒控管，並沒有因為這些發現而徹底崩潰，被不安的感覺牽制，在尚未確定事實前就導向不信任，讓小劇場無限演出。

第二，她下意識的出發點不是「對方怎麼可以這樣對我」，而是「嗯，真好奇對方為什麼那麼做，也許有什麼原因」。

第三，她尊重一切，並不是束手無策的消極反應或無助隱忍，也不會焦慮且迫切的要一個真相，而是從現況來反思自己與關係的未來走向。這是一個內在十分強大的人才會有的反應。

後來她告訴我，男友主動跟她分享是因為好奇心驅使，所以想觀察看看那些特殊行業的IG，沒過多久就退追了。

我想成熟的愛是給予信任，理性且智慧的，沒有綑綁的溫柔對待。我們的感覺很重要，但是在感覺之外，學習區分事實和搜集資訊的能力也很重要。

這幾天，我又重新做了一次MBTI的測驗，雖然我仍是N傾向，但已經從70%的N變成59%，S的比例增加了不少。

成熟的大人會隨著情況，依據當下最適合的方向去彈性調整，不讓思維陷入僵化。

悄悄話

如果你的內心和我一樣住著一位高敏感人，感知纖細、情緒起伏多，又恰巧是缺乏安全感的內在小女孩，肯定會在關係中時常嗅到自己不安全的訊息，便會開始多疑彆扭，希望對方給予更多讓我們安心的證明。這樣的性格，在無形中也容易讓對方感到疲憊與窒息。

試著在恐懼與不安出現前，先沉住氣，不需要立刻展現情緒化的悲傷或憤怒，學會觀察自己的感覺，學會安撫自己，接納感覺，但不會完全被感覺帶著跑，如此就能以更有智慧和理性的方式處理關係中的各種僵局。

03 我的感覺等於事實嗎？

「信任自己的內在有洞察力與判斷力，直覺便能成為帶領我們前進或轉彎的領航員。」

常常聽到這樣的話：「跟隨你的直覺走、跟隨你的感覺走。」將會發現一件有趣的事，悲觀的人在判斷事情的直覺，通常也是由恐懼與負面所構成。他們的「感覺」會先在心裡威嚇自己，告訴自己對方的稱讚是虛偽的、那個人不會真的愛我。

當我們處於情緒低潮時，直覺也很容易與實際的情況有所誤差。那是一種

「偏見直覺」，不是內在「智慧直覺」。那麼，要如何正確判斷該不該相信「直覺」？如何辨識腦海中的聲音是偏見直覺，還是智慧直覺呢？

睡前在思考著這件事時，有了一些想法便隨手記錄下來。我自己的人類圖裡，有個叫做「直覺權威」的設定，它代表著我必須相信自己的直覺，它就像我的大BOSS，是迷惘時替我做決策的CEO，有著靈敏的洞察力。

而「直覺」的組成成分裡，包含著過去的經歷、認知拓寬的能力、心態所屬的層級以及三觀；很多時候，**人們會在毫無覺察的狀況下，把「情緒」的負面碎念誤判成直覺，於是做出衝動後悔的莽撞決定。**

舉一個大家都不陌生的例子，就好比有些長者以「直覺」認定生病不必求診就醫，靠著求神拜佛，買地下電台的神藥就能恢復健康，固執且深信不疑，聽不進任何旁人的勸。這就是認知能力的設限。

又像是一個人過去的情感經驗不順利，也從未走出來，他的「直覺」就會在每一次感到不確定的時候告訴他：「你不安全、你被耍了、你被背叛了、沒回訊息就是代表不喜歡。別相信任何人，這是愛情玩家的手法。」內在怕被傷害的恐懼，造成他只要感受到一點風吹草動，就傾向相信直覺，不看事實便開始逃避；這是過去經歷的陰影讓行為最終變成結果，一次又一次的重複。

很多時候，當內在出現一個靈感或一個聲音，告訴我們「現在就應該這麼做！」、「出發吧，一定會很棒。」明明直覺認為可行，但「情緒」與「恐懼」就像損友，告訴你「還是不要吧」、「其實你也還好而已」。

「相信自己的直覺」是十分重要的，因為這代表著我們信任自己具有洞察力與判斷力，直覺便能成為帶領我們前進或轉彎的領航員。然而，**它不該受到「情緒」干擾，也不應過度被「負面經驗」恫嚇，它應該接受智慧的滋養與認知的升級，並且隨著生命一直成長。**

人類的直覺其實非常準確，有時候甚至無法用邏輯解釋為什麼，但你就是會知道哪裡不對勁，它是來自於內心的真實聲音。而身體也是，有時身體的感知能很快速的判斷，一個環境該不該待下來、眼前的這個人能不能深交當朋友等。

直覺在多數時候可以帶著我們避開地雷，引領我們走往真相的道路。但有一個很重要的練習，**首先，要讓自己的心平靜下來，學習消除內心紛亂的雜念，此時的直覺便是一位靈魂的智者，而非出自於情緒。**

「直覺」蘊藏著極大的智慧，而它需要穿越表層的情緒與恐懼到更深層的「心」，去精煉、去發現、去看見。

悄悄話

這幾年開始學習冥想之後，覺得對於培養感知力與直覺力有很大的幫助。我們可以在需要直覺指引時，做以下的練習：

1. 閉上眼睛，深呼吸，掃描全身，感受自己身體全然愛著自己的那份溫柔。
2. 多閱讀或寫字，培養內在的知識儲備量和吸取更多的智慧，有助於提升直覺的判斷力。而寫字則可以看到內心與自己的真實對話，剛開始先從每天十分鐘進行這樣的練習。
3. 與有智慧的友人、長輩或是相關的專業人士對話，你會從對方的話語中，聽出自己真實的想法與決定。

04 貓式戀愛

「學習向貓咪一樣鬆弛有度，
想撒嬌的時候撒嬌，不勉強自己討好，
永遠保有自己的原則和底線。」

此刻在電腦前專注寫稿，貓咪走過來蹭了幾下。

毛毛的腳掌踩在鍵盤上，大大的雞毛撢子尾巴從我臉上掃過，還來不及阻止牠，敲了一個下午的文字檔便被牠刪光。

「妳看妳！電腦不可以踩！」貓咪動了動小耳朵，瞇起眼睛、開啟飛機耳，然後裝作沒事的舔舔嘴唇，再舔舔胸毛，接著又戲劇性的做了一個重心不穩的側翻，整隻貓倒在桌子前面撒嬌：「喵。」

貓總是可愛的那麼理所當然，即使調皮搗蛋卻還是讓人氣不起來。人類對貓的愛，貓對人類的愛，總有一種接近透明般的無瑕而純粹，我有時候想，或許這就是一種世間的真愛。

我的貓是一隻非常需要被關注的公主貓，當初在養牠的時候，我就定下目標，想要養出一隻極度親人、黏人的天使貓咪。上網爬了許多動物行為相關的文獻，也買了書籍研究各種貓咪的性格養育法。好險，這些用心都沒有白費，我們之間的關係極為親密，牠每天都黏我到不行，在我身上踩踏，在被窩裡一起睡覺，出門工作時牠就在門口等待。

我曾為此感到暖心，但後來發現，這些極度黏膩的行為背後，隱約藏著些許不妥的地方。貓咪非常挑食，牠總是不愛自己吃飯，我擔心牠的身體，常常為此感到焦慮不已。也因此購入了大量的罐頭，各種口味與品牌，一個個打開給牠選，希望能有一款是牠願意吃的。

假如牠仍然興趣缺缺，我會用湯匙一口一口挖著罐頭，一邊哄著餵牠。說也奇怪，當我這樣一邊誇獎牠好乖，一邊蹲在地上親自餵食的時候，牠就願意吃了。但當我把罐頭放在碗裡，牠就又會馬上離開。因為貓咪食慾不好，擔心是否身體出了狀況，趕緊帶去做各項檢查，獸醫卻說：「沒事！非常健康。」

難不成牠就是要這樣親自餵食嗎？對此我束手無策，只好這麼照辦，每天親手餵牠吃飯。某次出國工作，暫時將貓託付給家人照顧，媽媽傳來訊息說：「Miffy 都不吃飯喔。」

我說：「牠需要人親手一口一口餵，不然不會吃。」

媽媽說：「太誇張了吧！妳怎麼把貓寵成這樣。」

養貓人遇到養貓人，都會跟對方交流彼此貓咪的狀況，拿出手機分享貓咪上百張可愛的照片。有一次，一位好友對我說：「**其實人類對待寵物的關係，也跟自己認知中的愛有關，就像很多焦慮的主人，也會讓寵物有分離焦慮是一樣的。寵物的一切行爲，都是主人養成的。**」認真思考她說的話，發現確有其事。

我希望牠最深愛我、最黏我、最需要我，於是變相養成了牠習慣性對我的過度依賴，當我不在的時候，牠就會變得鬱悶與耍自閉，其實對牠而言這並不是一個最健康的狀態。看過一本書《寵物與你的靈魂契約》，書中提到人們與寵物之間存在著「鏡印」關係，我們的課題會變成牠的課題，我們內在尚未治癒的創傷也會顯現在牠們身上。例如，主人有不被愛的創傷，寵物會有很大的機率患有分離焦慮。

意識到這件事之後，我開始調整自己過度擔心牠不吃飯的情緒，牠不吃飯我就收起來，反應平淡，沒有任何大驚小怪的動作。我也慢慢縮短每天抱著牠的時間，若牠來撒嬌，我會摸摸牠，摸完就讓牠離開，然後開始忙自己的事。沒想到持續練習一陣子之後，牠的挑食與不吃飯的狀況，沒過多久就全好了。這件事讓我反思與看見了更多，其實我與貓的相處關係，就如同過去在感情裡需要的「大量關注與疼愛」。

在感情裡，我就是貓，喜歡我行我素，向人討摸的時候就走近主人呼嚕，但也需要當下被立即回應，不管對方是不是在忙，畢竟，怎麼可能有人忙到不看手機呢？怎麼可以過了一小時還沒回訊息？我需要對方很多的愛與關心的輸出，才會感到暫時安心。

我也會刻意不照顧自己，就算餓了也不想一個人吃飯。每當我打開外送App滑呀滑的，沒看到想吃的就乾脆不吃。於是，對方就會特地去買我想吃的食物，風塵僕僕的奔波，只為了讓我好好吃飯。

「妳就跟妳的貓一樣難顧！」

我曾覺得緊密相依是一種疼愛，為此而感到幸福。但卻沒意識到，我眼中的疼愛，在另一半的視角中，其實是種精神壓力。就像我的貓不吃飯，我總是提前結束聚會，奔回家親自餵牠、時刻掛心著一樣。

我與貓的關係，就像我與戀人的關係，也像我與自己的關係。

當我學會用對的方式照顧著貓咪，也讓我得到了勇氣。**知道愛裡可以不用緊密的黏膩或博取大量關注，只要彼此信任對方都在意，便可以各自獨立，也能在相依時互相療癒。**愛是可以持續練習的功課。學會用對的方式照顧自己，不再認為愛只能建立在一方無止境的疼寵，先把自己愛好，讓對方不用擔心，也能讓關係中的兩人都更加舒適。

貓咪在桌邊四腳朝天的睡著了，終於沒有再來踩鍵盤。我停下打字，看著牠毛茸茸的臉龐，那麼可愛。我摸摸牠，聽著呼嚕聲，擁有舒適的愛與安全感，人也會是如此的放鬆可愛吧！

悄悄話

貓咪的哲學就是簡簡單單、保持可愛、呼呼大睡。對世界永遠保有三分好奇，然後不求甚解，輕鬆的馴服人心。

在關係裡，我們也可以學習使用「貓式相處法」，像貓咪一樣鬆弛有度。想撒嬌的時候撒嬌，不勉強自己討好，心情好的時候撩撩你，心情不好就跳開來先舔舔自己，表面軟軟萌萌的，但內在永遠保有自己的原則和底線。

05

公主病病入膏肓

「過去未能處理的恐懼是公主病的源頭，只要責怪全世界，就可以不用面對內在的匱乏，但隨之而來的卻是成長的停滯。」

接下來的幾個故事，先幫大家打個預防針，這都是過去的我。我猜，可能很難想象現在的我看起來總是情緒穩定，卻曾經有過驕縱惡劣、彷彿是韓劇中的暗黑惡女。二十幾歲的我，氣焰全寫在眼神裡，打從心底覺得自己是個人見人疼、閃閃發光的小漂亮。

過去曾有一次，與姊妹們喝下午茶，在咖啡廳打了卡，吃完後走出去，發現店門口排了三台車，是停妥等著要接我的追求者。這些成長路上對方獻的殷勤，都餵養了我對於「對我好本來就是應該的」、「一切是理所當然的」的深層想法。

當時，我把這份潛意識藏得很深，深到自己都沒發現，因為在我的認知中，我才沒有公主病呢！畢竟，以自己為中心，不就是一種愛自己嗎？謹守著交友原則，在還沒在一起之前，不會讓對方過度付出金錢與物質，也不會有過多肢體上的接觸，不欺騙與利用任何人。

身邊的追求者會被我看似溫柔的外在與聲音吸引，也因為擅於聊天，加上對每個人都無所求的自然隨意態度，性格中有點反差的調皮與幽默，很快便能讓對方感到親近且好相處。

當時有一任男友，是所有追求者裡面對我最好、最樂意付出、展現出對我瘋狂迷戀與非我不可的那個人，剛好就是我當時的擇偶標準。我覺得：「好吧，雖然好像沒有到很喜歡，但也可以試著在一起，培養感情看看。」在追求我幾個月後，答應了他的告白。他也認認真真的將我捧在手心上。

不過，他認為這是一段得來不易的戀情，需要特別緊緊握在手裡，他在關係中的不安全感、時時刻刻緊迫盯人的控制慾，也常讓我感到厭煩與壓迫感，於是對他的態度就越來越恣意且不耐煩。

那天，我在他的副駕位子上，他正準備去超商，問我要不要喝點什麼。我說：「幫我買巧克力牛奶。你有記得我愛喝的牌子對吧！」

很快的，他買好回來，我看到他手中的巧克力牛奶，瞬間變臉，用冰冷的眼神看著他說：「你知不知道哪裡錯了？」

他一臉茫然又歉疚，說：「怎麼了？」

「巧克力牛奶不能這樣搖！因為我只喝上層，把它混在一起就會太甜，我不喝了。」

心中的忿怒沒來由的轉為委屈，於是我開始落淚。他整個人驚慌失措，一邊安撫我，一邊道歉，一邊說他再重新買好不好？

「不用了，直接分手吧！你根本一點都不在乎我才會忘記。」我擦擦眼淚，深吸一口氣，不帶感情的說。

看到這裡，似乎很像我在無意識的ＰＵＡ？其實，我並沒有惡意操控的意圖，那是因為內在創傷與匱乏所導致。而觸發攻擊性開關的，就是內在小我的公主人格面具。

為什麼對於把巧克力牛奶晃在一起攪拌，會感到這麼大的憤怒與悲傷？現在才明白，是因為我的內在認為：「沒有按照我的需求給予正確的、我要的，就等於不愛。」於是，小我便用最無能、最任性、最衝突與傷害人的方式，表達它的不舒服。

姊妹很喜歡看網路上的KOL曬可愛女兒，她常常會轉貼給我看一位小女孩，長得超可愛，是家裡的老么，所以一直是備受稱讚與寵愛的焦點。有一次，她分享給我的影片內容是小女孩滿臉是淚，整張小臉皺在一起，一邊尖叫一邊哭著說：「媽媽不要拍了！」但媽媽卻在一旁笑著說：「妳個性怎麼這麼難搞啊！哈哈哈。」看到這段，彷彿看到小時候的自己，每當我情緒崩潰，需要被安撫與被尊重的時候，大人們都是一邊笑，一邊覺得「哎唷！生氣囉，真可愛」。

小時候，每當被這樣對待的時候，我內心總會覺得非常孤單，且滿腔的憤怒。不明白為什麼自己要被這樣對待，不明白為什麼這樣卻被解讀成我很壞，明明是我不喜歡的事情，為什麼我沒有力量讓一切停止？卻還要接受批判？於是，被忽視的感受逐漸變成驕縱，透過加倍任性與索討疼愛表現出來。

過去的我，無法覺察內在曾經受過的傷，在關係裡既尖銳又敏感，更傷害了許多愛我的人。無論他們怎麼做都不夠，怎麼做都會出錯，因為我永遠會產生新的不安，然後就無意識的想找對方麻煩。

我經常收到這樣的私訊。女孩們問我，為什麼對方明知道那是她喜歡吃的宵夜，卻可以只買自己的那一份？這樣兩個人是不是不適合？為什麼對方明明知道每天說早安、晚安很重要，卻還是可以忘記，是不是不夠在乎？

不是的。

當我們越能面對並承認內在那些細微的不安與焦慮時，漸漸就會發現，原來那些情緒不是公主病，而是未被處理好的恐懼。只要我們認為這些需要對方給予、依靠對方證明，內在就會處於一種來回擺盪的狀態，時好時壞。

那些過去的創傷，甚至會讓我們偽裝成虛弱的受害者，用情勒的方式希望對方感到愧疚，藉此換得對方更多的付出與補償。因為潛意識想要依賴對方的疼愛與照顧，於是會用過度付出讓自我感動，使自己變成故事中的悲情角色，以此來牽制對方；嘴上說著沒事不在意，實則希望對方能「良心發現」給予拯救。

這樣的狀態一久，對方會因為自己在關係中永遠是罪人，而開始想要逃避，一旦開始逃避，也就更容易觸發因為失望而產生的巨大內心崩塌。**只要責怪全世界，就可以不用面對內在匱乏的不愉快，這也是恐懼給予我們的保護機制，但它帶來的卻是成長的停滯。**

過去的恐懼沒有被正確對待，所以內在的防禦機制認為需要隨時出動，怕我們受到傷害，擋住一切可能會遭遇到的失落，它讓我們有機會逃脫或攻擊，這都是大腦出於保護我們的深切關愛。就像一隻忠犬，日夜守候在我們身邊，如果有任何風吹草動，它就會狂吠、低吼甚至撲上前去撕咬。

但，它也可以被我們好好的關愛，給它足夠的安全感、給它很多的安撫，告訴它一切都沒事，那邊並不危險，讓它安心的跟隨我們，不再輕易狂吠或暴衝式的拉跑我們。

悄悄話

直到後來才明白，眞正的愛自己，並不是高高在上的表現出自己的優越感，認爲一切不順心都是他人的錯，極度自我爲中心或遇事就躲回自己的保護殼。

眞正愛自己，是能夠看見自己的恐懼並給予安撫，給自己更多的接納，信任自己有療癒自我的力量，於是學會不外求，因爲愛本身就有滿滿的力量。

06

靈魂伴侶不是用找到的，是用相遇的

「當你跨越恐懼，擁有看見靈魂本質愛的能力，便能帶領自己遇見靈魂伴侶，洗滌彼此身上的泥沙，共同向前邁進。」

他是我的靈魂伴侶嗎？

每一個相信世界上存在靈魂伴侶的人，心中的電影片單肯定都有一部《愛在黎明破曉時》（Before Sunrise）吧？男女主角在一輛列車上相遇，明明是兩個陌生人，卻瞬間產生了化學反應，彷彿彼此的靈魂已經相識了好多年。這部電影，讓我對世界上存在著靈魂伴侶這件事深信不疑，如同信念般烙印在我心上。

世界的某處，一定有一位與自己靈魂如此相似的人，因為本質契合而互相深深吸引。兩人之間有著聊不完的話題，互相凝視時甚至都不用言語，就能心電感應。若有幸遇到這樣的人，大概便是少女時期的我最嚮往的浪漫愛情。

隨著逐漸成長，被現實生活中的失望打擊，不得不學習理性與務實，浪漫電影的劇情最終會經過幾番審視，看看是否符合現實狀況。心中對這種來自「靈魂本質愛」的信念並未凋零，但如今經歷了幾段風景，對於靈魂伴侶有了不一樣的想法。

靈魂伴侶，並非是相遇後就能相處不累、就不用費盡心思溝通，能享受無盡的照顧與關愛、對方能帶來滿滿的安心跟安全感，兩人從此過著幸福快樂的日子。相反的，當你遇上所謂的「靈魂伴侶」時，兩人在愛情的前期，會有非常夢幻又浪漫的迷戀與火花，覺得生命無比美好，終於有幸遇見等待已久的命中注定。

然而，隨著時間的推移，當時被強烈迷戀與命定感的催眠下，讓彼此忽略現實存在的種種問題就會浮現。接著，會帶出彼此身上尚未被看見的創傷，更劇烈的激發出雙方的陰影人格。

榮格心理學中提到，所謂的「陰影人格」是存在於潛意識下，不被觸發就不會被看見的那些盲點。也許是內在未被療癒的部分、童年深埋的恐懼或無價值感等。當這些被對方投射出來，便會一次次讓我們在「選擇愛還是恐懼」的天秤兩端上，做出非常艱難的挑戰。

例如，你正處於一個很需要被理解、沒安全感的狀態，需要對方關注並給予情緒價值，那麼，在熱戀的初期，對方也許心甘情願的提供這些疼愛，像是各種接送、大小禮物驚喜不斷，完美符合你心中對靈魂伴侶的期待，你會因此而感到被愛滋養的幸福。卻也忽略了一段健康的愛情，不可能一直被當成小寵物陪伴與照顧。缺愛的人，是沒辦法正確給出愛的。當對方的關注與分享慾減少，藏在心中的恐懼便會隨之升起。

或者，對方其實早已看清你心中的匱乏，但由於他自身內在也是空洞的、需要被填補的，所以透過初期強烈的付出，給予情緒餵養，進而控制你的情緒，達到自己被強烈需要、藉此控制伴侶的一切。

此時，曾經的靈魂伴侶將會變成冤親債主。兩人之間的關係，已變成一種鬥爭或較勁，嚴重失衡。當對方抽離，你將產生痛苦的戒斷反應，像是從天堂墜入地獄。也許彼此會想：「好難再遇到如此懂我的人了，我們是靈魂伴侶，所以一切都能度過的。」不死心的想試著撐下去，並想辦法突破關係中的困境，卻演變成一次又一次的相愛相殺，反覆折磨彼此。

這段美好，竟走向瀕臨衰亡的旅途，逼著我們向內心觀看，拆解重建自我。過程中一點也不輕鬆，甚至會經歷碎裂的痛徹心扉，因為舊有的自我將被粉碎，埋藏的童年創傷會被觸發。幸運的是，正因為那個人的出現，我們終於願意認真學習面對原生課題，願意選擇超越恐懼，也因此能接近真正的自在與幸福。

也許之前的你，習慣索討、不夠獨立，需要對方時時報備才能安心，但卻願意為了愛，重新建構自己的生命，學習讓自己更完整，同時療癒內在創傷；或你原本並不擅於溝通，面對衝突時總是逃避、用欺騙的方式來對待伴侶，但卻願意一改過去在面臨關係失控時，自動卸責迴避、怪罪都是對方的錯，發自內心認真地進行自我反思。這都是因為選擇愛。

當我們選擇愛，才能真正做到不責怪對方，願意承認一段關係是雙方共同造成的結果，把焦點轉向自省，無懼於探索自己內在的恐懼來源。

能直視自己過去掩飾的不踏實念頭，例如慾望與害怕，試著在心裡進行清創；看見自己的慣性思維如何造成一次次的撞牆，最後擁有真實的力量，經歷一次蛻變式的真正成長。

這是靈魂伴侶帶來的力量與珍貴，靈魂伴侶是一位生命的良師，透過他將能發現愛，直達靈魂深處的愛。因為愛，促進了自己與他人自我成長、讓心智更加成熟，並不斷拓展自我界線。當我們越來越了解自己，成為獨立且完整的人，也將會獲得辨識靈魂伴侶的能力。

悄悄話

我曾經在限動寫過這樣的句子：「遇到靈魂伴侶的前提，是先擁有靈魂。」什麼是有靈魂呢？我認爲是有能力辨識自己每個想法與行爲，是來自大腦表層的判斷、慾望、情緒，更是直達你內心深處與靈魂連結後的指引。

人們本質中都有著澄澈的愛，內在也都具有極大的智慧。然而，成長過程中我們經歷過種種傷害，世俗灌輸的各種功利價值觀，都讓每個人有如走過泥濘被沾染著，覆蓋了滿滿的泥沙。於是，連自己也看不清自己的本質，而靈魂伴侶，正是勇敢洗滌彼此身上沾染的泥沙、讓雙方心靈淨化並持續前進的美好存在吧！

07

相愛相殺，因為關係是照妖鏡

「爲了能愛，不斷討好、僞裝、委屈求全，
但給出的卻不是眞正的愛，得到的也就只是痛苦。」

「你根本是惡魔！中邪了嗎？」、「妳才是妖孽！」過去的感情中，這些對話也在爭執中常常出現。究竟是對方變了，還是自己變了呢？

「開始總是分分鐘都妙不可言，誰都以為熱情它永不退卻」想到莫文蔚唱的〈陰天〉，在不開燈的房間，愛情的退卻，來自於彼此內在的陰影面，讓你們相看兩厭。

愛情的初期，隨著彼此沉浸在多巴胺的夢幻美好中，一切都如此完美，眼前這個人怎麼看都如此可愛，天天都想黏在一起，有說不完的話和談不完的未來。然而，當這些激情退去後，兩人之間的考驗才真正開始。

生活中的每個人都是一面鏡子，當你沒發現的時刻，大腦正下意識的對他人有很多意見。有時是稱讚，有時則是尖銳的批判。這是心理學中的「投射效應」（Projection effect）。基本上人們對於他人的解讀，都源自於自己本身。例如，有人在IG上曬精品，有人因為目前還無法擁有，就會認為對方在炫富，感到不舒服想攻擊。但如果是本身對精品本就無感或自己也很喜歡收藏的人，則會對此沒有太大的感受。

親密關係則是一場盛大的恐懼投射。最初我們看見對方的美好，來自於內心對美好想像的投射，隨著兩人之間越來越熟悉與靠近，內在的「陰影人格」投射就開始了。

不少人都希望伴侶可以通靈，認為「我不用說，對方就應該知道我在想什麼，我說了，那就不是他真心想做的了！」內在對親密關係過度理想化。

每個人在找尋戀人的最終目的，無非是想要找到能被看見、被無條件接納、不再感到孤單，且被深刻理解的愛人。卻又因為把這些童年未被滿足或正確對待的需求，全部投射在伴侶身上，只要伴侶讓我們失望，接著就會感到非常憤怒且悲傷。許多研究指出，**人們會愛上的人，其實都有著童年時期父母的影子。**

想起幾年前，曾經與姊妹分享某任男友的優點時，我說：「因為他很疼我，除了對我很大方，可以常常到處旅行、吃美食，每天都接送我，吵架生氣的時候也總會讓著我，跟他相處我就像小女孩被寵愛著。」

姊妹看著我說：「妳要的愛，好像都著重在對方要像爸爸一樣，極致的關注跟照顧，對嗎？」

「咦？大家不是都這樣嗎？」我當時還無法明白背後的原因是什麼。

「需要對方給予極致的愛」是因為我內在潛意識裡，一直想透過親密關係找到一個完美父親的角色，以補償童年時父親總是很嚴厲、總是在忙碌工作，無法讓我自在撒嬌與做自己的缺失創傷。

我下意識想找到與父親相似的人，試圖翻轉與補足童年曾經被忽視的那些記憶。當我把對「完美父親」的期待投射在伴侶身上，對方只要對我說話稍微嚴厲、語氣中有點情緒，或是對我提出哪裡可以改善的建議時，便會強烈認為這是對我的全盤否定與指責，馬上陷入受害者模式，試圖去防衛或攻擊，以冷暴力來懲罰對方。

於是，形成心理學中一種不健康的共生關係：一方過度依賴，人格無法獨立；另一方，則顯現出強烈的控制與打壓。因為在對方身上看到你曾經缺乏卻又渴望的東西，在這當中也會存在著你曾經非常厭惡的性格。例如，我有一個姐妹，她就無法接受經濟能力普通的男人，因為她的父親就是如此，讓母親需要辛苦的扛起全家家計。

當伴侶總是指責你自私、不負責任，很可能是他身上或他的母親具有這些特質，而這就是他不想接受的陰影人格。他需要甩鍋或投射給你，才能維持自我認知中的完美形象。

相愛相殺的原因，就是當關係越近，對彼此身上的黑暗面便看得越清晰。

相殺的關係裡，如果沒有跳脫這些循環，而是透過不斷的付出、隱忍與犧牲，最終還是會來到臨界點。其中一方會站在制高點上，指責一切都是對方的錯，用最殘忍的方式來表達自己的憤怒。關係中的角色也會因此對調，本來退讓的被壓迫者，變成施加壓迫者，強烈責怪對方的自私與索討讓自己受害。

在這兩年的自我覺察探索中，閱讀了很多相關的書籍，其中有一個說法我很喜歡：「每個人身上都自帶陰陽兩極的兩種能量，我們和每一段關係的互動，其實都是與自己關係的互動。」當內在的不成熟面向、從原生家庭繼承的創傷未被療癒時，身上的陰性能量和陽性能量就會失衡。潛意識會驅使我們重演過去的匱乏感，直到願意面對，才能收回那份投射。

勇敢的做回自我，願意全盤接納自己的前提下，去看見並心疼對方受過的傷，你會發現，關係裡的彼此，都是內在受傷而想被愛的孩子。**當事情不符合期望，就臣服當下，學習改變自己的模式，給愛人信任與自由，身上的無限潛能將會被激發，逐漸散發出溫暖光芒。**

學習愛人的路上，才了解到真正成熟的愛，不是想像中那麼的戲劇化。成熟的愛，會相互尊重彼此的界線、願意給予兩人空間，發自內心互相支持，同時給予對方真正需要的，而不是自顧自地給予認為對方想要的。

把對方當成一面鏡子，看到自己內在的怪物是如何製造混亂，一次次破壞我們的關係，再試著去降伏它。

✦

悄悄話

對方身上有什麼特質是你絕對無法接受的？那個特質觸發了你內在的哪些人格陰影呢？

當一個人內在的需求、期待、安全感與價值感沒有在關係中得到滿足時，就會幻化成各種情緒化的小怪物來傷害親密關係。有的人是用疏離的方式進行冷暴力，變成冷淡怪物；有的人是用攻擊或指責的態度成爲憤怒怪物，制伏這些怪物的關鍵魔法，是愛。

08

你是不是不愛我了？

「良好的關係中，兩人都會內建成熟大人的模式，不會讓「害怕自己不被愛」的恐懼占領所有的細胞。」

大家是否做過一個關於「愛的語言」的測驗，這個測驗的核心重點，是可以大致歸類出你在什麼狀態下，會感覺到自己是被愛的。其中有：1.肯定的言詞、2.接受禮物、3.服務的行動、4.精心的時刻、5.身體的接觸。

測驗結果，可以在上述需求中看到不一樣的百分比比重。每個人都不盡相同，了解自己與對方在這五大類的需求偏好，能更明白彼此想要的愛情樣態。

當來到現實中的兩人相處過程，卻複雜得多。因為我們對於被愛的幸福感受，容易在喜悅感動的過後，不再時時放在心上。但對於「不被愛」的觸發與感受，卻常會感到深深的焦慮與恐懼。

我們不只該了解「愛的語言」，**也應覺察自己與對方身上，「感到不被愛的語言」有哪些，如果能深刻了解自己「不被愛的觸發點」有什麼，就能在關係裡，以更好的方式溫柔對待彼此。**

想起與M交往中發生的一段故事。那天，我們一起去北美館看展覽，我被展覽作品豐富的生命力深深感動，很希望拍下合影紀念，也想在社群上發文記錄我的觀展心得與粉絲們分享。因為展覽人潮眾多，作品前滿滿都是想拍照留念的人，好不容易卡到位置，鏡頭前也會一直有人經過走動，很難拍到好看的畫面。

我撒嬌的跟M說：「再幫我多按幾張好不好，再給我一次機會！」

他本來就覺得這有什麼好拍的，逐漸失去了耐心，放下手機，用非常冷漠的表情和語氣說：「我們不要拍了好不好？」

我瞬間臉色一沉，默默地接過手機，悶聲地說了聲：「嗯。」甩開他的手，把手交叉在胸前和他保持距離，自行繞去看別的作品。

當我帶著情緒，獨自走到一個人煙較少的展區時，委屈的情緒連結了淚腺，讓眼淚從眼眶中瞬間盛滿。我發生了什麼事？為什麼會這麼傷心？這些情緒從何而來？這樣是不是有點誇張？我的公主病是不是改不了？心中急著想辨識出自己的情緒，但當下不知道為什麼，我就是任由自己被情緒狹持，眼淚止不住。只好躲進化妝室，重整心情。

因為被他的拒絕與冷漠觸發了「不被疼惜、不被愛的潛意識」，所以產生了如此激烈的反應。再更向內挖掘，會發現原來自己對愛的認知已僵化。我需要的是「對方無論在任何狀態下，都得無條件的溫柔對待」，對方過去總能為了我學拍照，為什麼突然就不樂意了？肯定是變心、沒那麼愛了，所以愛會消失的，對嗎？

而M的視角，則會從我的冷漠中體會到挫敗與指責。覺得我是一個任性無理的人，看不見他花時間陪我看展、看不見他也耐著性子幫我拍照，所以我才會因為一件小事就感到難過。這正是男生視角中，時常覺得女生在無理取鬧，他們也感到十分委屈的原因。

當我學會抽離，用第三人視角來看待自己，才發現當時真的有夠幽默。表面看似任性荒謬、玻璃心的言行舉止，其實都是很珍貴的線索。因為這些觸發，正表示我們內心的不安需要被重新看見與重新審思。

我感到「不被愛的開關」被觸發，還展現在其他各種地方。像是吵架時，如果對方沒有馬上把我哄好，當下解決矛盾和溝通，立即協議出一套兩人都能認同的解決方案，我就會認為被對方冷漠對待。

很多時候，對方只是需要一點冷靜，想離開現場先讓衝突和緩，我也不會允許。因為這個行為，會深深地讓我覺得「被拋下了」。我會以很極端的方式撂下狠話：「走了就不用回來，再也不用見。」

總是習慣以咄咄逼人的善辯性格，證明自己是對的，非得說到讓對方心生愧疚，才甘心放過。

一個內在成熟的大人，是可以看狀況適時切換狀態的。當對方需要被接住時、當現況需要情緒穩定時，能讓內心的小女孩先去旁邊乖乖等待，不急著哭鬧。**成熟大人能拿出智慧，理性且溫柔地處理衝突的發生，也讓對方感受到被重視與聆聽。**

不會只想著「我」的需求沒有被滿足，只有「我」好委屈，只有「我」被否定。當內在只有「我」，是看不到對方，當然也不會關心對方的感受，不但自我中心且破壞關係。在良好的關係中，兩人都會內建「成熟大人」的模式，不會讓「害怕自己不被愛」的恐懼占領所有的細胞，讓關係走向兩敗俱傷。

我們都想要被愛。但害怕不被愛，讓我們變成一個被動的角色，只能期盼對方懂我們、期待對方有所改變，這將會造成關係中的失衡，於是也缺乏去愛的勇氣。

佛洛姆說：「人在意識上害怕不被愛，但實際上是無意識中懼怕愛。」、「愛是明明沒有任何保證，卻依然想發起行動。抱持著自己如果愛對方，對方心中一定也會產生愛的信念與希望，全心全意的自我奉獻。」

當你不再害怕自己不被愛，也不需要因此而逃開，你會看到內在一直都有愛的本質存在。**當你擁有愛人的勇氣與無懼，就有了主動創造幸福的能力。**

✦ 悄悄話

你在什麼時刻會感覺自己不被愛呢？是對方訊息慢回了？對方沒有說早安晚安？對方沒有分享自己的行程？發現對方有事隱瞞？還是對方說話的語氣不耐？

很多時候，當收到的回應不如期待，就會觸發人們內在曾經被冷漠對待的潛意識，讓大腦下意識地作出反擊或防衛的反應。開始學習先理解自己的情緒，留一些空間讓情緒緩和下來，就能有意識的覺察，讓感受得以妥善表達。

09

喜歡不等於愛

「愛是擁有承擔後果的能力，讓愛自然的流動，不讓自己在關係中感到反覆的內耗。」

好感、喜歡、愛，這三種是完全不同的狀態，你能分辨出來嗎？

「好感」是一種直觀的欣賞，覺得不討厭。「喜歡」是基於相處後的關係加溫、萌芽的過程，兩人已經熟悉對方的基本人品，也開始參與了對方的生活、彼此間有更多的分享，然後再一步步確認對方的心意。

突然想起一位男性好友，認識他至今已聽他單戀不同的對象不下百次。他常會因為對方的一個點、一句話、一個笑容打中他的心，就認為自己戀愛了。接著，不明所以地展開追求，但最後總是把對方嚇跑。當然，他也能很快地遇見下一個目標。

我常常笑他說：「對方對你有好感而已！並不代表喜歡你。」、「曖昧的言語只是好感，對你不討厭，她還沒有真的喜歡你。」

換位思考，當你對一個人剛開始產生好感，覺得對方好像還不錯，可以相處看看。但此時他卻突然的告白，表示對你一見鐘情，希望你能接受，對方原本的魅力肯定會瞬間盡失吧？

近期有一個詞，叫做「戀愛腦」，說的是有一些人很容易在感情中丟失自己的節奏，只會處心積慮地去看對方的星座、查對方的星盤，希望能夠吸引他，最後達成被愛上的目的。瘋狂的透過各種手段讓對方喜歡上自己，這種行為有人說是因為「戀愛腦」缺愛，不過，也可能是因為缺乏自我的邊界感。

當處於「戀愛腦」的狀態時，反覆在一段關係裡糾纏卻沒有成長，忘記自己生命的責任與目標。戀愛的時候智商就降低，無法判斷當下實際的狀況。「戀愛腦」更是因為害怕孤單，覺得有人陪伴就很好，不管對方是否真心誠意，至少能讓自己不是一個人。

這樣的人嘴上總說著自己抱持平常心，但實際上卻早已徹底暈船。不管看再多的戀愛祕笈，都不可能做到知行合一。

其實「戀愛腦」也能是可愛的。如果你想要客觀且清醒地看待自己的「戀愛腦」，就要先知道自己正處在「戀愛腦」、正在體驗「戀愛腦」的過程，這跟無意識地被對方操控情緒不同。知道一切都是因為自己替對方套上濾鏡，你才是這整齣劇的導演，那麼，就去自導自演吧！

◇◇◇

最近開始有人替「戀愛腦」這個詞打抱不平。為了一個人去奉獻自己的一切，當一個戀愛勇士，明明是種浪漫，怎麼會變成生活中只有戀愛、沒有其他自我想法的「戀愛腦」呢？

試著消化一下我腦中所理解的「戀愛腦」與「真誠愛一個人」兩者之間的差異。

首先，我認為「戀愛腦」的根本是「缺愛」、「強烈需要被對象認同的慾望」、「希望拿下對方的控制慾」。在這樣的狀態下，會無止盡的付出，藉此感動自己，並且無法清楚的理解什麼才是對方想要的，或是用盡各種招數想讓對方愛上自己。也因為一切看似大愛的付出，其實是出於「想要收穫愛」的私心，如果沒有得到對方的回應，心態就很容易瞬間崩塌，忽略自己的所有行動都只是出於慾望。

另一種「戀愛腦」的展現，則是毫無原則的妥協一切的底線。不願意看清楚事實，活在幻象裡。具體表現是情緒整天像搭雲霄飛車，隨著對方給自己的反應上上下下，今天對方表現熱情就覺得被愛；明天對方不回訊息就覺得不被愛。陷入一種毒癮式的患得患失，生活一切都嚴重受到影響。

真誠愛人不同。**眞誠愛人的本質是「知道自己是完整的」、「知道一切是自己的選擇」、「願意看清楚眞相並且接受一切結果」、「願意主動付出，但會克制並察覺對方是否感覺自在」**。

在這種時刻，無論對方給的反饋是否如預期，也都能保持著「平穩」的心態。因為尊重自己也尊重對方，綜觀全局後，勇敢地做出自己的選擇，並非淪於情緒上的幻想，且擁有承擔後果的能力。

不過，**我覺得「戀愛腦」也只是一種狀態，沒必要被訕笑或過度批判自己，只要能分辨自己處於什麼狀態即可。**畢竟成長的過程中，我們都要先發瘋幾回，才能涅槃重生，是吧？

悄悄話

我們會遇到誰，會套用什麼濾鏡在對方身上，其實都代表著自身當下的狀態。量子力學說的「能量匹配」也是同樣道理，想要遇到健康的愛情，必須先從調整自己的認知開始。匱乏就會遇見匱乏，而愛會遇見愛。

10 不被允許吃的冰淇淋

「生命中缺糖果的人，
就會渴望別人給的甜。」

喜歡帶著觀察的眼睛，記錄身邊發生的事情，其中又特別喜歡觀察小孩子。我們每個人都曾是孩子，但或多或少，都曾在小時候被植入不適切的想法，遭受過不同的打擊，形成了長大後判斷事情的依據。接著，分享兩個身邊曾經發生過的故事。

關於不配得感

夏至過後的氣溫非常炎熱，隨時都想衝進冷氣房調節體溫，或是吃點冰降降溫。那天，我與友人在台南奇美博物館旁的冰淇淋攤販旁吃冰，看到這樣的一幕。

一位媽媽牽著女兒經過，我剛好與女兒四目相對，她看到我手中的冰淇淋，跟媽媽說：「媽媽我也想吃冰。」媽媽走向冰淇淋車，看了一下價格說：「這個冰淇淋太貴了！我們不需要吃那麼貴的，等下去買外面超商便宜的冰給妳。」

小女孩的眼神十分落寞，不發一語。溫順地垂下雙眼跟著媽媽離開，彷彿這一切早就習以為常。

望著她離去的背影逐漸消失在視線裡，心想，那位媽媽因為價值觀或經濟上不夠寬裕的理由，不允許小女孩吃一球百元的冰淇淋，這些都可以理解，但她卻用了「妳不需要吃貴的，吃便宜的就好」的理由來拒絕她，無形之中，在小女孩心裡種下了：「妳不值得」、「妳配不上貴的」限制性信念。

現實生活中，有不少女性明明各方面的條件都十分優秀，但在感情裡卻總是扮演不敢提出需求、什麼事情都習慣壓抑的卑微角色。

曾經有位閨密的男友說要跟兄弟們去喝酒，然後就消失了一整晚，直到隔天傍晚才說自己的手機沒電了。

我替她感到不平，說：「這個蠻誇張的，妳沒有對他生氣嗎？」

她說：「我真的可以生氣嗎？我怕他會覺得這沒什麼，是我小題大作怎麼辦？」

聽了之後感到有點心疼與錯愕，我告訴她，請務必練習尊重自己的感受。當她感受到不被告知、不受尊重的時候，應該提出來讓對方知道妳無法接受。生氣有很多種方式，可以優雅的生氣，可愛的生氣，策略性的生氣，讓對方提出補償方案的生氣。**各種有技巧的生氣，都好過不允許自己表達情緒。**

不敢表達自己、不敢提出需求、在愛裡習慣壓低姿態討好的人，內心都住著一個「不配得到最好的」的小女孩。

而這位閨密在關係裡，很常因為對方一些枝微末節的小小付出，便感動到不行。她會過度的替對方著想，對方不用確立關係也沒關係，想要隨時消失也沒關係，她甚至會自我催眠「他讓我去他家裡，代表我是重要的人，對吧！」、「他叫我幫他弄工作，一定是很信任我的關係」、「他沒有說過喜歡我，但他說喜歡我陪在旁邊的感受，這樣算是有愛吧？」、「我們的關係不需要定義，反正彼此互相喜歡，可以陪伴在身邊才是最重要的。」

旁觀者清，看到她日漸憔悴，內耗不已，總是一直問我「妳覺得他有喜歡我嗎？」整個人就快要被緊張與焦慮淹沒。

在「不配得到」的框架裡，表現出的不在意都只是逞強。她的不在意其實是「不敢在意」，害怕如果說了些什麼，讓對方感到壓力，她就有可能遭受到更多打擊，或讓對方離她而去。

深埋在潛意識裡的不配得感，讓她阻止自己去創造更美好的人生。她在每段感情中，永遠重複寫著過度付出到自己筋疲力竭，最後對方還辜負她的傷心劇本。想要的不敢要，最後只能騙自己說不想要，否則如何平衡自己的內在衝突？

曾與一位被社群認證為世紀大渣男的男性聊天，我以一個社會觀察家的採訪心態，想知道在渣男眼裡，都是如何分辨一個女生到底能不能被當成獵物，是否甘願被情感操控？我得到了一個血淋淋的扎心答案。

「生命中缺糖果的人，就會渴望別人給的甜」、「只要展現我身上有糖果，那些女孩就會跪在地上撿」、「因為我能提供並且扮演她們內在最想要的『被看見』、『自己是特別的』情緒價值」、「很多女孩無論多漂亮或多成功，其實內在都大量缺乏自我認可，我能輕易的辨認出來」。

他口中所謂的「糖果」，可以是物質或情緒價值，也可以是各種「妳是如此特別且唯一，我不曾對其他人有過這種感覺」的低成本蜜糖。當內在因為匱乏不夠愛自己時，就會像在沙漠中缺水渴了很久的人，見到綠洲就往前狂奔，無法辨識眼前的水源，究竟是不是海市蜃樓。

相反的，一個自我價值感高的人，面對所謂的海王或渣男時，會知道這僅是一場互惠式戀愛。雙方完成合作後，各取所需，不會有過多的受傷與怨懟；但對於低配得感、總害怕自己不夠好、不信任自己價值的人，就會深陷在錯誤的期待與幻象裡，花費寶貴的時間等待，只為了得到虛無飄渺的愛。

更可怕的是，還會因為吃久了蜜糖，被情感操控、長期打壓，讓人深陷精神崩潰的地獄中，需要尋求專業諮商協助並重建療癒之路。

破解的方式，還是最關鍵的一句老話：「愛自己。」回到內心深處看看那個失望的小女孩，抱抱她，跟她說：「糖果我們都有，我們不拿也不撿，知道嗎？」我們只收雙手奉上的真心。

關於人生的貼紙

氣溫驟降的傍晚，開始飄雨。走在民生社區附近的街上，在斑馬線前停下，等著八十秒的紅綠燈。看著秒數倒數的同時，聽見身後一對母女的對話。

「妳今天在班上有乖嗎？」媽媽很溫柔地問。

「有。」小女孩稚嫩的聲音很可愛，推測她的年紀不到六歲。

「妳今天拿到幾張貼紙呢？」媽媽繼續閒聊。

「一張！」她輕鬆愉快的說。

「怎麼只有一張？妳本來不是都很棒的嗎？」

「……」

沒聽見小女孩的回答，我往右邊移動了半步，再假裝不經意地回頭看。眼前的畫面，小小的她低頭看著自己的腳，一語不發。我感到有些心疼。我猜她無法明確說出自己的情緒，也不懂得該怎麼回答。

綠燈亮起。行人開始過馬路，她們之間誰也沒有再說話。

這幾秒的對話與小女孩有些無措的表情，在我腦海裡盤旋著。原來「搜集足夠的貼紙」才代表很棒，必須擁有貼紙才算成功，這樣的想法，從很小時便由父母或身邊人們一句無意識的話，被默默植入；也許，這就是這麼多人總會覺得「自己不夠好」的原因。

回想自己在生命經驗中，也曾想搜集很多的漂亮貼紙，貼在人生貼紙簿裡，像是動章。外在、工作、成就、學歷、社交圈、另一半，這些都是貼紙。

身處社群當道的自媒體時代，流量與人氣，更是一張張的限量版貼紙，人人前仆後繼地想要獲得它。搜集貼紙的過程中，是一路的比較、焦慮迷失的追逐，誰的貼紙更漂亮、更豐富，才代表勝利。我們不會滿足於「只有一張」，那並不足夠，最好可以成為貼紙富翁，這樣才終於是「很棒了」。

那是一種埋藏在心底，深深的不安全感與焦慮。如果我不夠棒，看起來不夠厲害，就不被愛了，怎麼辦？最後會發現，就算貼紙簿搜集了看似華麗、人人稱羨的滿滿貼紙，仍會感到不踏實，因為我們認定的價值，全是靠貼紙給予，不是從內在成長的自我認同給予的。

人要到了一個年紀，才會在某時某刻明白自己的追逐與搜集，是為了向別人證明自己有價值。日光才終於能往內心看去，看見那個「覺得貼紙不夠」的無措小女孩，蹲下身來跟她說：「妳很棒，我一直都知道的。」

有一本很喜歡的書，是歐普拉與創傷研究的腦科學醫師合著的《你發生過什麼事》，書中提到，儘管我們出生的環境多樣，但人們其實都帶著一種與生俱來的「完整感」進入這個世界。在生而為人的初始，並不會問自己「我是不是不夠好？」、「我有價值嗎？」、「我值得被愛嗎？」

隨著開始呼吸，嬰兒會嘗試理解周圍的一切，像是外部世界與照顧者的言語和狀態，接著會塑造出截然不同的個人經驗。所以當我們從小被父母或長大後被社會的體制告知，怎樣才算「夠好」，就被植入了這個設定。雖然總說著不想被貼上標籤，**但會不會我們仍汲汲營營的，在不知不覺中，被恐懼驅使著去蒐集社會定義美好的價值標籤呢？**

也許搜集貼紙能帶來向上的動力與前進的獎勵，本身具有正面意涵，但別說是那麼小的女孩，就連成為大人的我們，都得花上一些時間，才能從焦慮不安中弄清楚其中差別。**努力追逐的意義，從來就不是因爲我們不夠好，努力是因爲，我們本來就很好，所以我們能做到。**

漫步在細雨中，我不禁想著，這個小女孩長大後還會記得這個時刻嗎？她是否會開始認為不能「只」有得到一張貼紙，而感到壓力倍增？她是否會為了得到想要的貼紙，而去壓抑自己討好別人？或是，她會不會因為得不到想要的貼紙，變成一個既控制又霸道，但內在卻充滿不安的人？她會成為一個用貼紙多寡去衡量別人的人嗎？

希望有一天她能知道，不管得到幾張貼紙，她都一樣很棒，我真心希望。

悄悄話

一直很喜歡、也擅於發現他人的亮點，當我看見每個人身上的獨特時，自然也會樂於給予稱讚。

不同的人面對稱讚會有不同的反應，有些人會笑著開心的接受，眼睛裡閃爍著星星；但有些人面對稱讚，會散發出一種窘迫與不自在，甚至會質疑的反問：「肯定是妳太會說話，應該對每個人都這樣吧？」

後者的回應正巧反射了自身內心的狀態，覺得自己不夠好，不相信自己很棒，於是無法坦誠面對讚美，更會感到不自在。

恐懼自己不夠好，來自於成長過程中，經歷父母或外界的自尊打壓與自我價值的批判，於是習慣把焦點關注於自己沒做好的部分。這份意識會深植大腦，變成自己的限制性信念，總想批判自己，不配得感也是。如果你也常常陷入自我懷疑、自我否定，更需要好好擁抱自己。

試試看這些讓你更自在輕鬆，能轉化心境的小練習：

1. 給予自己肯定，告訴自己是值得的、是重要的。
2. 給予自己包容，犯錯與失誤都很正常，不需要在腦中重複回溯。
3. 放下完美主義，不是因爲不好才要追求「夠好」，而是本來就知道自己很好，再從這點向上努力。
4. 感謝自己一路替做的努力，在紙上具體寫下來，然後反覆觀看。

11 不期不待，除非不愛

「期待是一種因爲愛著這個人，
所以對彼此抱持著能越來越靠近的想望。」

一直自認在「愛自己」拿了高分，「愛別人」卻不及格的我，結束了那段本來將要步入婚姻的關係後，生命邁入「學習擁有愛人能力」的道路，發現這條路上每個人對愛的定義都不同，但怎樣「不是愛」的說法，卻在各類書籍上有不少討論。

你可能會問，難道真愛，就是告訴我們奉獻一切，不期不待，才是愛的真諦？我一直心存質疑，心想，難道抱持期待的我是自私的嗎？到底為什麼愛裡不能有期待？

一直到日前摯友與我分享了一則臉書上的文字，內文是這樣的：「你明白愛一個人是什麼意思嗎？你愛一棵樹、一隻鳥、一隻寵物，你去照顧牠、餵養牠、關愛牠，即便牠不給你任何回報，仍然愛牠。但大部分的人都不是以這樣的方式去愛，我們並不明白這種愛，因為愛已被嫉妒、恐懼等限制著，這意味著我們內心是依賴的，是渴望被愛的、愛了之後要求回報的。」

而此刻，我稍微想通了。無條件的愛，像陽光、像空氣、像寵物，它們沒有占有、沒有要求、沒有期待，但你發現了嗎？它們並不是人類。更不用說寵物，牠們的愛真誠且專一。但身而為人，卻複雜許多。人在關係裡，會越愛越期待，越付出越期待，擔心這份期待萬一過於顯露，變成給對方的壓力，變得害怕失望。

然而，當我們傾向假裝「沒關係呀！反正我不期待。」的自欺欺人，卻導致內在更脆弱。如果不承認內心對關係有所期待，無法用健康的方式表達，

這份期待就會被包裝成「一切都是為你好」的勒索，或是迴避的疏離，而非真正尊重對方意願與了解對方，只是想滿足自己內心的秩序感。

如果不承認有所期待，也可能會被壓抑成「沒關係，因為我愛他，所以無限包容才是真愛」於是毫無底線，對方偷吃劈腿也沒關係，對方總是情緒失控惡言相向也無所謂。將「包容理解才是真愛」當成擋箭牌，以逃避面對情感中的問題。

不再期待對方會有任何改變，卻忽視自己早就滿滿內傷、埋怨對方，最後以抑鬱和憤怒離去作為收場。

真愛，真的是如此嗎？我認為，愛是與期待在一起的。**期待是因爲愛著這個人，所以對彼此抱持著能「越來越靠近的想望」，內心相信兩人可以往同一個目標邁進的信念。**

如何表達期待是一門藝術，要隨時覺察對愛人的期待是來自於何方，並不是「我期待，所以對方應該」，而是需要尊重對方的期待與自己有所不同。

兩人之間能夠相互理解的重要溝通，例如：「我期待你可以試著與我分享心情與日常，因為這對關係的互動上可以帶來更多正向的影響，你覺得呢？我也想聽聽你喜歡的、會感受到被愛的方式。」

這與「因為我沒安全感，所以需要你這麼做」的想法截然不同，**期待的出發點並非來自匱乏，或脅迫對方滿足需求，而是把對方當成隊友，互相討論我們這個小隊，可以如何有效合作、共創雙贏，讓彼此都感受到被愛環繞。**

期待與索討不同的地方，前者是隊友心態，會真誠關心對方喜歡的、在乎的是什麼；後者則是我不管，我要被滿足，如果不給我我就不開心，下次也要故意不稱你的意。

有些人看似無條件的愛對方，其實是把自己內在被愛的期望、希望被愛的需求全都關成靜音，久了也會感到非常疲憊與內心崩塌。愛情的本質，是需要相互滋養的。

如果一段關係，彼此間無法給予雙向的幸福感，也無法同時努力，那麼我覺得這不是愛。若能做到對一個人沒有任何期待時，很可能是愛已逝去；反之，當一個人對你有很多、很多期待時，他心中正對你堆滿了很多的愛。

當然，這份期待要如何不上升到控制與占有，就考驗了雙方愛人能力的等級，以及對自己內在感受的覺察力了。

悄悄話

我們有期待，也被賦予期待，同時拿捏著不讓期待傷害對方或自己，能健康的用雙贏的溝通方式表達出來，是因爲我們正在關係裡練習著成爲更好的人。

CHAPTER 4

一次次的告別，我們學會如何愛

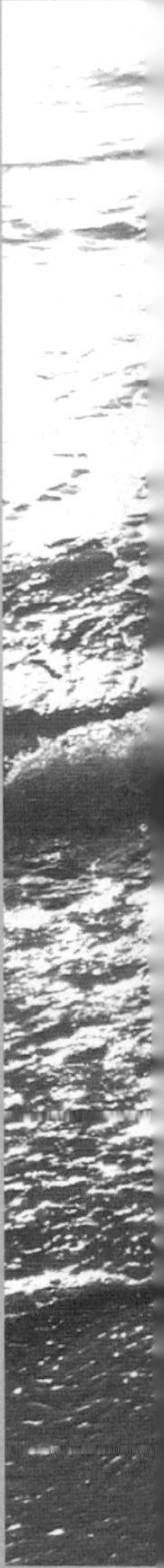

生命中遇見的每個人，行經過的每段旅程，
都會讓我們與全新的自己相遇。
試著用愛與信念給予滋養，
我們將能越活越自在、無懼。

｜溫柔導讀｜

01

真正的告別是悄然無聲的

「當你終於看清自己與對方，願意接受現況真正告別時，便不再需要惡言攻擊或封鎖刪除，一切都將能輕輕放下。」

萬物有生滅，花開就會花謝。再浪漫美好的關係，缺乏雙方的智慧與灌溉，也抵擋不過人生的無常與人性的複雜，我們終究無法控制它不要變淡或是改變。

當關係凋謝，失去溫度，充滿了痛苦，兩人之間試過各種方式卻無法達到共識，愛漸漸被消磨殆盡，內在糾結應該放下離開，還是抱著希望繼續堅持下去？我想，這是一道對任何人而言都很艱難的課題。

有時候，理性上知道眼前的彼此只是在互相折磨，兩人之間的關係已沒有任何的生命力，彼此的感受與需求都不被另一方重視，更失去了信任，但感性層面卻無法放手，糾結的情緒夾雜著恐懼與不甘心，堅信彼此還愛著的執念，最終造成深深的痛苦。

然而，當局者迷，要看清自己並不容易。害怕改變或面對真相大白的恐懼，會讓人停滯不前，在這種狀態下，人們自然傾向逃避問題，寧願霧裡看花。讓自己「習慣」虐戀帶來的痛苦，或是自我說服「現在這樣也很好」、「再努力看看就會好轉」。

我與M在關係走到尾聲時，就經歷過這樣的迷霧。不斷指責關係的毀滅都是對方的責任，每次爭吵後，就互相封鎖斷聯，又會再次解開。想選擇繼續相愛，卻又無法真正發自內心信任彼此。

深知彼此的愛情已走到一種虐戀，相處間的陰影不斷使對方重複經歷信任的破碎與失望，無法被正確傾聽、無法被看見與理解，一次又一次的加深心中的怨懟。

曾經的傷害造成彼此的罪惡與愧疚，把關係推向毀滅，卻死守當初的承諾要好好磨合，不輕易離開誰，讓這份信念最後變成一種苦撐。**無論是「我知道他傷害我，但我還是愛他」或「我知道他傷害我，但他真的很愛我」都只是在替關係也替自己找一個藉口。**

真正相愛的兩人，會願意以重新建構穩固的關係為共同目標，當中不會參雜著這麼多「虐」。不是誰站在高位審視誰的不對，虐裡面沒有愛，只有兩人因為慾望未被對方滿足，期待落空而產生的失望，關係失衡的不公平與不甘心，以及自己尚未意識到的報復心。

當你意識到一段關係已經無法讓彼此獲得正向的滋養，就像一片蠻荒以及有毒的土壤，再也種不出綻放的花朵。我們該做的就是：看清真相，直視這片曾經共同搭建的愛情城堡已成廢墟；**曾經的偷工減料，讓地基坍塌，這時重建工程最重要的，就是需要整片移除、重新整地，而不只是在表面修繕。**

當兩人之間不再有分享慾、不再真正付出關心、不再願意溝通、不再抱持期待、不再是對方的快樂時，取而代之的是冷漠疏離，此時心中剩下的，都只是恐懼與執念，不是愛。

一直覺得這段辛苦的冒險過程，是我們想要找尋還相愛的證據。但往往最後才發現，只是一場自我催眠，只有對自己足夠誠實，才能破除讓自己受困的詛咒。

當你終於看清自己與對方，願意接受現況真正告別時，便不再需要惡言攻擊或封鎖刪除，一切都是悄然無聲的輕輕放下。

告別時，學會把心淨空、沉澱、祝福，把專注力放回自己身上，不刻意迴避痛苦，全然接納。相信時間帶來的沉澱會代謝雜質，屆時是不是真愛，答案會是清晰的。

透過告別，我們獲得了療癒自己和與他人共情的能力。透過告別，會讓我們眞正的長大。

悄悄話

「不執著」和「不畏懼」是我這兩年間，漸漸學會「愛」之後的體悟。毀壞的愛需要兩人一起重建，即使無法重來，也會從中得到更多的智慧。很喜歡一行禪師在《怎麼愛》這本書裡其中的一個篇章，裡面有幾個問題，很適合用來觀察自己與反思與關係中的感受。

1. 你還愛著對方嗎？
2. 如果愛意淡去，你想跟對方重新建立連結嗎？
3. 你覺得對方快樂嗎？
4. 你跟自己或對方相處時，能專注於當下嗎？
5. 你知道怎麼處理自己的悲傷情緒嗎？
6. 你了解自己與對方痛苦的根源嗎？
7. 你有時間傾聽自己內心深處的渴望嗎？
8. 你有時間傾聽對方，幫助對方減輕痛苦嗎？
9. 你有能力幫助自己與對方創造喜悅的感受嗎？
10. 你知道怎麼每天滋養愛嗎？

02

「念舊」是最長情的保鮮

「我們不想著鮮，因爲我們會一起念著舊。
不忘相愛的初衷，就是愛情長存的信仰！」

在佛學的教義中，常說生命的一切隨時都在變化，一切都是「無常」。那麼，一段愛情的保鮮期究竟有多長？

這大概是每個深陷愛情的人，都想弄清楚的未解之謎，是三個月？半年？還是兩年？美國康乃爾大學曾有教授做過研究指出，時間為十八～三十個月，最久大約是兩年半。

一旦過了這個時間，關係中的兩人就會開始感到當時的戀愛感與激情已蕩然無存，就算每天仍會說早安、晚安，生活在一起，但彼此之間卻更像是室友。兩人必須有共同的目標與進步，才能持續走在相同軌道上。

雖然知道愛情每時每刻都在變化，但每當經過公園，或是偶然撇見路邊白髮蒼蒼的老人，一手拄著拐杖，另一手緊緊牽住另一半散步的場景，還是會感動愛情的美好。

幾年前，在一次歐洲旅行中，便遇見了互相扶持多年的一對夫妻，年紀大約邁入花甲。雖然已結婚多年，但從他們望向彼此的眼神與互動中，卻感受得到滿滿的愛意，他們會一起玩耍、幫彼此拍照、不時鬥鬥嘴，讓整趟旅行笑聲不斷。

我剛好在晚餐之際與他們同桌用餐，輕啜了幾口紅酒，大家展開一些閒話家常。

我好奇詢問：「可以分享你們婚姻的保鮮祕訣嗎？怎麼這麼像在熱戀！好可愛。」

太太放下酒杯，跟我說：「**沒有保鮮祕訣，因為沒有『鮮』。婚姻要經營**

得好，靠的是念舊。」

忘了在哪裡看過一段文字，敘述以前及現在的感情觀有什麼不同，內容是：「從前人們東西壞了會修，而現在人們東西壞了會丟。因為永遠有更新、更好的，而我們也相信自己值得更新、更好的。」

念舊，我將它解讀成不忘初衷與當時有多愛這個人，曾經多麼誠心地許下承諾，多麼堅定的決定一起攜手走入人生下一步。

念舊，即使沒了新鮮感也沒關係，因爲在我眼裡，你還是當初那個我愛的你，不管你老了、醜了、身材走樣了、不意氣風發了，都不影響你仍是那個我愛的你。

在這個人心變化莫測與每個人的自我都如此強大的時代，或許所有的愛情終將歸於平淡，所有的浪漫會輸給柴米油鹽。但，相愛的信念還是存在。

而念舊，就是一種保鮮，記得最初的心念。

「我們不想著鮮，因為我們會一起念著舊。不忘相愛的初衷，就是愛情長存的信仰吧！」

"Will you still love me when I'm no longer young and beautiful?
Will you still love me when I got nothing but my aching soul?
I know you will, I know you will I know that you will."

悄悄話

這段在旅遊中的談話，讓我意識到，在愛情中發生的美好，需要被記錄下來。如此一來，我們可以在往前看的同時，對另一半時常懷抱感恩之情，回憶每一個被愛著的片刻，是如何帶來力量與歸屬感。不忘愛的初衷，能帶來更多的勇敢。

03

有些痛苦是價值觀帶來的

「同樣的事情每個人的認知都不同，
看待的角度也會不一樣，受傷的耐受度更會隨之產生變化。」

除了生病以外，一個人的痛苦來自於自身的價值觀與認知，因為一次的事件，使我透澈的領悟這句話。

以現代人普遍會有的「孤單感」來說，在我過去的價值觀中，也曾覺得獨處很困難。我不敢一個人旅行，甚至是一個人吃飯，因為當時心中覺得「一個人」代表著你是不被喜歡的、你是孤獨寂寞的邊緣人。一個人走在路上時，常會莫名感到被世界拋棄的疏離感，因此總會覺得難受想哭。

隨著內在的成長，累積越來越多的安全感後，**開始意識到孤單是美好的，可以是一種與自己戀愛、相處的感受；獨處更是一種自在，可以發自內心的感到喜悅。**

這就是價值觀改變後，讓本來會困擾自己、引起情緒起伏的事情，轉化成可以從容對待。這樣的心態轉化，當然也適用在關係中，讓你平靜面對各種會使我們感到痛苦的事。

在一段關係中，最不能被接受的底線是什麼？不少人都會認為是「劈腿」或「背叛」吧？無論是精神或肉體層面，這些信任崩塌後帶來的毀滅感，根本就是核彈等級。

我也不例外，這是我最害怕發生的恐懼。弔詭的是，越是害怕的事情，宇宙越要我們去經歷，要我們學會跨越這份課題。伴侶劈腿、出軌，會強烈觸發人類從演化時期，就內建的深層生存機制，我們會產生心痛到快要死亡的感受。

原因在於，在遠古時期，如果主要伴侶有其他對象甚至更多對象時，女性的大腦將會意識到「資源被分配」、「資源被掠奪」、「無法安全地受到保護與照顧」、「我們的後代可能不利於生存」的強烈警訊。確實會面臨生存的危機，讓大腦下意識認為這一切既可怕又痛苦。

曾與好友聊過這個話題，她說，當她經歷對方出軌的背叛時，她會不斷從第三者的身上，找到自己輸了的部分。她會強烈認為自己不如第三者，所以伴侶才要找別人。更會無法克制地大量研究對方，瀏覽她的IG折磨自己，最後歸因於「是自己不夠好」。

我說，但是我被劈腿時，都覺得肯定是我太聰明、太難騙了，所以對方想找一個服從自己且容易操控的對象。於是我會歸因於「好吧！肯定是我太好了」，完全不會覺得自己需要因為對方的行為而折損自我價值。

同樣的事情每個人的認知都不同，看待的角度也會不一樣，受傷的耐受度更會隨之產生變化。人們心中的恐懼，很多時候其實來自於需要被療癒的深層內在創傷。

如果沒有看見痛苦的背後究竟發生了什麼事，遇到令人難過的事件來臨時，總會習慣向外尋找「原因」。認為肯定是有「因為所以」，才導致事情發展至此。

「因為我讓他太自由了，所以他劈腿；因為我不夠漂亮、優秀，所以他劈腿；因為我沒有滿足他的所有需求，所以他劈腿。」

接著，不管是化身成偵探，天天觀察「對手」的一舉一動，讓自己深陷其中感到痛苦不堪；或是攻擊自己，強烈的自我否定，都是一段猶如地獄般難熬的過程。

其實，無論如何從外部找原因，能看到的真相都相當有限。其限制在於，內在看待世界的框架。當我們強烈深信一切的發生是出A往B時，只要事情超出這個範圍，就會帶來強烈的劇痛。不愛才會劈腿嗎？劈腿就是渣男嗎？劈腿只有零次跟無數次嗎？這些問題的答案，並沒有一個真正的標準答案。

例如，我現在會認為「劈腿」這件事，是一種人性幽微的黑暗與複雜。想追求自我與道德之外的叛逆謀反，是一種內在慣性逃避的匱乏感，也可能是利己主義後的選擇。當然，也可能對方就是反社會或自戀型人格，種種原因都有可能。

無論是哪一種，都與這個人愛不愛我，我是否有比第三者差，全然無關。

修練與學習愛的路上，思維也隨之進階與轉變。過去曾痛到撕心裂肺的認為，「被劈腿」是因為對方不愛我、故意傷害我，輕易踐踏我的信任就是渣男爛人。

也曾看著對方跪下，呼自己巴掌道歉，而沒有感到一絲的不捨，認為這是對方道德淪喪，應該付出的代價。

這當中，我無法看到對方劈腿行為後的真相與他的無助，我會輕易地蓋棺論定。但現在回想，如果還愛他，其實可以思考該如何共同面對這場暴風雨。可惜之前我在乎的，是對方讓我受傷，對方是一個惡劣的人，所以我無限上綱他也應該要承接、贖罪。

曾經，我看到手機上那些出軌的訊息，身體瞬間僵硬，忘記呼吸，直到大腦暈眩缺氧才反應過來，記下她的IG帳號，然後，按下通話鍵，打給了她。

原來，她是他的砲友。

我深吸一口氣，冷靜的問她從何開始、見幾次面、為什麼會約，不是結婚了嗎？

女方淡然的反應，是讓我把一切放下的關鍵。

她說，當初真的一點也不覺得這個舉動會帶來任何傷害，因為她知道，彼此都是對方的消遣，僅此而已。

「抱歉，我真的不喜歡他，只是各取所需。但我懂，妳一定會感到不舒服的。」

聽到這裡，我苦笑了出來，因為我能感受到她是無比真心，沒有把「男方的伴侶是否會難過」這件事情納入考量。確實，我們在他人的世界裡一點也不重要。

她並不具備這麼做會傷人的認知，正如同許多男性在劈腿時，其實並不認為是背叛一樣。

那天講完電話後，躺在床上感受到之前心悸的崩塌感，漸漸平復了。突然覺得，為什麼我非要把這件事情，當成對自己的痛苦與施加攻擊呢？

聊天的過程中，她與我分享她是一個性愛分離的人，覺得人生苦短，世事無常，讓自己開心、別被外界想法綁架是最重要的事，也是她的人生信條。我想，這就是每個人自由選擇不同的活法吧！我為何要為此而痛苦呢？可以不用認同與我相左的價值觀，更不必陷入他人與我落差甚大的認知裡，選擇讓自己跳脫出來。

其實許多痛苦來自於「別人那麼做，一定是想傷害我」、「他怎麼可以這樣對我」、「竟然這麼缺乏同理心，做出這樣的事」、「我好痛苦、我是受害者」。難道真的只能這樣想，讓自己更加痛苦嗎？**當你發現可以有不一樣的思考方式去面對時，就會知道一切的痛苦，都是由自己的價值觀所決定。**我們便不再會因為「別人做了什麼」、「別人愛不愛我」而輕易的使自我價值產生動搖。若你感覺到愛而不得，很痛、很崩潰的時候，說個令人開心的真相：其實你根本不愛他。

一個人存在的價值，絕不會建立在被無條件的愛著，你只是期待滿足他人無度的索討。只要能清楚這點，會發現傷痛感少了許多。

痛苦的時候，向內觀看自己的內心，傷口會開出花來。

悄悄話

身邊也存在著面對背叛或劈腿時，處之泰然的友人，他們認爲這件事只是人性的一部分，要求對方專一與忠誠，是一種違逆人性且不實際的渴望。只要對方能將關係善後的乾淨俐落，不影響伴侶在關係中的優先排序即可。

或許現在的我還無法達到如此超然的心態，但我想成爲一個具有彈性、思考不僵化的人，明白世界上存在著各種不同的價值觀，若與對方有所牴觸或感受到被傷害的時候，我能自由選擇不要過度糾結或是捲入其中。

04

結束其實並不可怕，是新生

「關係的毀滅與衰亡，是自我重生蛻變的最好契機，
當你更懂愛，經過的一切就不浪費。」

這篇寫給正在經歷毀滅式愛情，身處於情關撞牆期，被傷得體無完膚的你。每一段會讓我們感覺無比痛苦的關係，背後都有自身待解的課題。

例如，在被背叛、欺騙、愛而不得、沒有得到安全感的感情裡，當最終撕裂了真相，我們可能會想：

「不愛了為什麼不說？」

「還愛為什麼不能在一起努力？」

「為什麼要劈腿傷害我？」

越是專注鑽研「對方怎麼可以這樣對我？」、「是我做錯了什麼？」就越會深陷於痛苦的受害者角色當中，而一段關係的消逝，更多時候是雙方共同造成的。

即使對方傷害你，很多時候也是因為「你允許」，再三讓自己放寬底線，懷抱著不撞南牆心不死的壯烈，讓最後的結局只能是爆裂的。宇宙很有趣，一開始會用小石頭丟你，讓你感覺有點痛，鐵齒的認為「沒事，還可以承受」，隨著一次次的妥協，這顆石頭就會越來越大，最後不得不被砸醒。

其實，當我們不把「自我的執著」擺在關係中最重要的位置時，你就會看到對方本來就不須「如何對待我們」才「合理」。

有些人會執著於相愛時說的承諾，曾經發過誓說要永遠在一起，更計劃過婚姻與幸福願景，和說好的不離不棄。但那些山盟海誓在愛情結束時，都真的只是成語。當下的愛是真的，但愛情離開了也是真的。害怕分手的孤獨感，害怕分手後對方就有新對象，害怕分手後兩人從此是陌生人，寧願拖著痛苦拉扯，也不願意放下。

不如問問自己，你最害怕的是什麼？是否還期待著重回陪伴的浪漫與甜蜜？不願放手的原因真的是還愛著嗎？或只是不想面對失去？擔心自己熬不過獨自面對生活的壓力？如果繼續下去關係會變好，還是會變得更糟？持續的自我提問，便更能釐清自己，那些不甘心與窒息般的不舒服，都是要讓我們學會看見痛苦的感受來自於哪裡。

後來我明白了，真正的愛，沒有強烈的痛苦或占有。如果是特別迷戀、放不下一個人，背後都充滿著內在匱乏的傷痕。因為親密關係會將我們推向生命中跨越不了的巨大創傷坑洞中，逼著我們去面對與清創。

也許你不夠獨立自主，沒有另一半當依靠，人生好像會搖搖欲墜，缺乏踏實感；因為與自我恐懼和原生家庭沒有和解，就會想找到那個看似可以填補的人。你還沒有活出潛意識裡想要的樣子，替自己設定了各種障礙與框架，無法勇敢做自己，而對方卻能盡情放蕩不羈，我行我素；只因為你缺乏安撫自己的力量，需要對方的哺餵。

關係的毀滅與衰亡，是自我重生蛻變的最好契機，這個過程就像煉金術，成堆的雜質與泥沙中有著珍貴的寶藏。當我們從中拿到「更懂愛」這份禮物，一切就不浪費；當我們越能接納與面對，曾經恐懼的、痛苦的，都能逐漸消融與穿越。

不需要用「恨對方」讓自己放下、不需要把曾經的好都打翻、不需要苦等對方回心轉意，只要看見內在悲傷的自己，真心的接納她、研究她、愛著她，會發現，她只是個將生命作業推積著沒寫，無助又想逃避的孩子。

記得告訴自己：「我來陪你。」

一切都只是體驗，願你在暗夜裡有光，慢慢找到力量，不怕。

悄悄話

學會把注意力放在自己身上，便能體悟有種富足的心境是「安靜」。不再被焦慮或情緒挾持，不再認爲自己是孤單無人理解的孤島。那種安靜，很像夕陽下的海面寧靜悠遠，卻在心上閃閃發光。

一片風景，一段文字，一個領悟，一個新知，一閃而過的靈感，都會是發自內心的狂喜與快樂，私密而獨享的。

學會看待事情時，把視角拉到全景模式，看清事情的主次順序，不在原地兜轉。我猜，這是愛自己的一種全新層次。

05
如果他讓妳等，記得一邊等一邊強大

「無需急著定義任何關係，當狀況曖昧不明時，就用優雅淡定的方式耐心等待。」

「Q，妳快幫我勸勸她，我覺得她暈船了！。」

與好友約在咖啡廳相見，她帶著口中那位極需被拯救的女子H，希望我聽聽她的故事，看是否能讓她從暈船之苦中超脫。

H在半年前認識了一個對象，感受到前所未有的心動，兩人只要見面相處，一切都非常美好浪漫。可是只要約會一結束，回到工作上的男方就會變得異常冷淡，且回覆訊息的速度很慢。對於關係未來的走向，也總是閃爍其詞不願意面對。

H也曾幾度想結束這段不明確的關係，但愛到了不是說放手就能放手。經歷幾番拉扯，兩人之間的糾纏還是無法說斷就斷。後來男方因為工作關係出國，本來就沒有承諾的關係再加上遠距離，也讓H決定攤牌，問清楚對方的真實想法。

我問：「妳和他說了之後，對方給的回覆和反應是什麼？」

H：「他說是真心想和我在一起，只是因為想先拚事業，希望我等他。」好友在旁邊翻了個白眼，說道：「這根本就是典型渣男吧！他在國外肯定有別的女友，但又不想放掉，想釣著你，這是完全不負責任的說法。」

H一言不發，我問她：「那妳怎麼想？」

H語氣平緩且堅定的說：「我相信他，決定等他。反正我目前也沒有非要交男友，不急著結婚，一切都不急。而且我想通了，很久沒有這麼單純的喜歡一個人，我覺得這樣就很棒。」

「其實妳很清楚真正要的是什麼，畢竟兩人的相處只有自己最了解，旁人無從置喙。妳會這麼喜歡他，肯定是他給予妳某種心靈上的支持或陪伴，我不覺得妳不清醒。如果妳心中現階段相信的就是如此，我很開心支持妳去經歷想經歷的。但要記得，一邊等他，一邊更愛自己，讓自己成長喔！」

如果關係拖了很久，對方總是打迂迴戰，不確立關係；如果關係中兩人總是不斷爭執，無法好好相處，走入了接近斷聯的冰河時期，此時，雖然感性層面還愛著對方，但理性思考後，知道有許多現實中的問題無法解決，這樣該如何是好？

還放不下的時候，就不需要逼自己放下。可以試著再給自己更多的時間慢慢看見眞相，耐心等待結果浮現。因為很多時候，緣分就是很難說、也說不準的事。

然而，這個等待，該用什麼樣的心態去等，則顯得非常重要。最好的「等待」，並非只是一心一意祈求對方會回來、最後兩人修成正果的無作為樂觀；或認為只要相信兩人相愛，一切問題都能迎刃而解，這顯然不切實際。

在停止向前的過程中，反而該利用這段時間好好修練內在未完成的功課。思考自己放不下的執念來自於何方，從中理解自己；思考自己最想要的情感關係是什麼樣子，經過透澈的分析，把心力放在如何讓自己更充實、專注於自身的價值提升，投入更多的時間在工作或事業上，或訂出階段性目標讓自己逐步完成，這樣的「等」一點也不浪費。**等待的過程中，不需要放棄認識自己、認識世界、認識其他有趣的靈魂。**

用等待的時間耐心雕琢自己，只會換來兩種結果：

一、你在這段過程中，一直突破自己過去的框架，學會更多愛人與愛己的能力，越來越成熟通透，不執著於非要被誰愛。從心中慢慢地長出自信和安全感，可能會突然看清對方，或許他並不是你真正需要或適合的人，不用任何人逼你，在某個瞬間，會發現自己可以輕盈的放下他。

二、隨著持續的進步、努力綻放美好，將遇見更多的人事物，看見更多的風景，使內在越來越勇敢，擺脫過去想要被愛的依賴。而在茫茫人海中，更真確且堅定的意識到，對方是否就是你靈魂所選的命定之人。此時的你，也更加閃耀且美好，如果兩人之間真的存在著所謂的緣分和吸引力，這必定會是最美好的一段相遇。
無論是哪一種，我們都透過愛，變成更可愛的樣子。
如果他說：「可以等他嗎？」
沒問題。無需急著定義任何關係，當狀況曖昧不明時，我們就用優雅淡定的方式去耐心等待。

悄悄話

一直很喜歡一句話：「各自努力，頂峰相見」。
緣分是很神奇的事情，不少人兜兜轉轉之後又重新相遇，後來的相遇也讓他們更加堅定。
耐心等待，不急著要答案，臣服於生命給的功課，那麼無論我們身處什麼樣的困境，最終都能換來升級與成長。等待不是站在原地，而是在等待的時間裡，升級裝備，一路前進。

06

細細感受痛苦穿越的每個時刻

「允許自己不再假裝一切都很好，
好好的看到傷痛，才能替傷口好好的包紮。」

有一種勇敢，是承認並面對自己的心是真的受傷了。

越來越多的媒體與社群意識，都在提倡女性應隨時保持理智與清醒，像男性一般思考，不浪費時間糾結在逝去的感情裡。

但我一直都覺得，**比起讓自己人間清醒更重要的，且能夠擁有強大力量**

的，是先對自己誠實與溫柔。

IG私訊是個樹洞，承接大家滿滿的心事。曾經有個粉絲留言，說她這陣子剛經歷了一段分手，先前每次看我分享QA提問時，都覺得怎麼有那麼多人「戀愛腦」，她對大家提出的愛情困惑都無感，因為她打從心底認為這些都是「少女才有的煩惱」，與堅強理性、早就看透感情真相的她無關。

直到最近，下定決心離開一段相處多年，論及婚嫁的感情，才突然恢復了麻痺已久的感知神經，與長期以來被壓抑住的受傷感重新連結。因此發現，原來她為了逃避對方長期的冷漠，不斷催眠自己這一切都不算什麼，直到分開後，終於決定好好的陪伴自己，想哭的時候就好好的爆哭。

她說：「原來，我表面的淡定都是裝的。」

聽她聊著這些，讓我聯想到充滿好勝心的自己，曾經也是習慣任何事情都正面迎擊與勇敢看待的性格。太陽獅子座的逞強，月亮射手的樂觀，在我性格裡添加了莫名其妙的樂天，總覺得難過的感受不宜久留，就翻過去吧！有什麼難的。

我很少去細細體會「受傷」這件事，一直以來，心中似乎很「恐弱」，覺得抱怨自己受傷或向姐妹們討拍的行為，是一種承認自己是弱者的表現。

與姐妹出去時，被問到：「最近還好嗎？」也會下意識的回應：「嗯，一切都挺好的。」總覺得，傷心的事幹嘛一直聊，別聊我了，分享一些開心的事吧！

過去當好友想關心我的感情狀態時，總習慣輕描淡寫。

然而，在很多獨處的時刻，深夜裡翻來覆去的時刻，惡夢驚醒的時刻，走在街上看著人來人往的時刻，卻又會莫名覺得胸口堵堵的，那是一種與世界疏離的孤單，晦澀而難受，想哭但又哭不出來。

隨著開始學習冥想與瑜伽，越來越能覺察自己身體與情緒的細微感受後，才知道，原來我只是把情緒敷上一層厚厚的麻藥，並未真正的對傷口進行治療。

在情緒麻木的狀態下，一如往常的生活。收到朋友傳來可愛動物短影片的標記，一樣會微笑，一樣認識新朋友，一樣可以出去旅行、約會。

可是，心中隱隱知道哪裡不對勁，好像喪失了真正快樂的能力，失去了搜尋到悲傷確切位置的感知力，這是一種對自己的陌生，彷彿一切事不關己。

在愛情的修練場走一遭，我們身上都帶著大大小小的傷，因為我們曾經那麼勇敢的走上那條不輕鬆的道路，心也可能碎成一片一片，需要重新用溫柔的理解將它們拼回。

快樂、堅強、樂觀、正面，它們都很棒。不過有時候，它們的功效就像一劑嗎啡，在傷口上止痛、麻醉，可是傷口沒有被清創，只是被直接覆蓋，裡頭可能會化膿感染，變得更嚴重。

想起小時候，我們不小心跌到了，或是走一走頭不小心撞到櫃子，大人們總會說：「不痛不痛，痛痛飛走囉！」或是打櫃子安慰我們：「都是櫃子壞壞！」於是，我們學習到，痛的感受是不真實的，是不需要被正視的。

痛苦的感受無論是過度放大，或是壓抑與無視，其實都對身心會造成負擔。更好的方式，是可以選擇靜靜的陪伴並接納這個感覺。

「我不難過，這不算什麼」、「這算什麼傷，反正愛情不就都這樣？」雖然情歌的歌詞是這樣唱的，人們也總說成人的世界裡，要把悲傷調成靜音。但我想那是對外，對自己，請務必要溫柔傾聽、真誠擁抱。

不用逞強，不必嚴苛，允許跌倒，承認脆弱，全然的接納才是通往勇敢與成長的路徑。**不再逃避和躲藏，一定要讓自己有個祕密基地，能夠允許自己不再假裝一切都正常，好好的看到傷痛，才能替傷口好好的包紮。**

剝開傷口上面那層紗，知道自己很痛、很委屈，好好的大哭一場，然後拍拍自己說：「不用怕，你很棒呀！辛苦了，傷都會好的。」

比起人間清醒，更重要的是溫柔待己。

悄悄話

「如果受了傷，就喊一聲痛。真的，說出來就不會太難過。」很喜歡這段張懸在《兒歌》裡的歌詞。

記得擁抱自己的脆弱，身體上的傷口需要消毒、貼人工皮、保持乾燥不碰到水，小心翼翼的呵護。心裡的傷，也同樣需要花時間陪著自己修復，並細心照顧。給自己多點時間，不用急著逼自己要馬上好起來，從內在開始修補自己，你會發現，痛苦的感受透過悉心照顧，最後會轉化爲強大的力量。

07

放下不是否定，而是超越

「放下使你學會洞察，也學會退一步再鬆手，主動拉出距離看清全局。」

這兩年，跳脫原本夢幻公主的舒適圈，踏上這段勇敢旅程的道路上，並非一路坦途，更多時候都是走得磕磕碰碰，身上布滿被荊棘劃傷的痕跡以及對自我的懷疑。

而惶恐、無助、悲傷、孤單和迷惘，就像一座迷宮，總以為終於看到出口亮光時，才發現自己又被放在新的關卡、新的迷宮起點。

倘若決心翻轉從小到大被教導的設定，從完美的牢籠中出走，追尋嶄新自我，意味著需要不斷下潛到心靈深處。而每次下潛，隨著逐漸增高的水壓，身體與心靈會面臨極大的不適與痛苦，感覺整個人就要被擠壓到支離破碎。

這段過程其實很難向他人敘述，無法與人分享自己的混亂，因為無從說起。感覺自己一切都將歸零，舊的自我死亡，毫無依靠，生命暈眩且失重，經歷反反覆覆無人知曉的崩潰。

據說，當高敏感人要經歷徹底的覺醒與轉化時，就會走到這樣的「靈魂暗夜」，迎來人生中最顛覆生活的事件。可能是失去愛人、失去家人、在愛裡受到強烈打擊與拉扯，讓深層的恐懼與創傷的黑洞慢慢浮現。

我自己在這個過程中的實際體驗，是身體開始產生嚴重的自律神經失調症狀。時常感到胸悶心悸，睡眠品質大大出了問題，每晚都多夢且睡睡醒醒；身體抵抗力明顯下降，最嚴重時，讓確診和流感接連發生。情緒上明顯喪失了動力，雖然外在看不出來太多端倪，但一部分的我早已自動孤立，時常會有想哭的感受，覺得身體很累，什麼事都不想做。

嚴重的身心抗議，明顯感受到再這樣繼續下去，後果會十分嚴重，讓我不得不正視自己。

這段從未有過的情緒深淵，讓我停下工作與社群上的流量追趕，我花了更多的專注力與時間在關照自己。除了大量閱讀和學習冥想，甚至接觸了專業諮商，更全面的理解自己，並努力尋找答案和方法。

只有穿越這些痛苦，才能從中學會與痛苦和平共處的能力，學會給予自己深度的陪伴與療癒。接受自己軟弱、給自己無條件的愛，時時與內在保持聯繫，不再輕易批判他人、也不再抵抗，學會真正的臣服。

當我親自經歷過這些，才真正感受到內在的豐盛與極致的愛，原來一直都存在。不再害怕不被理解，破除了許多過去認為的「應該」，這是一段成長的煉金之旅。

如果你正在這段黑暗路上前行，**請溫柔擁抱這份恐懼，看見生命是一場遊戲，我們可以成爲任何想成爲的角色。在黑夜裡，你可以做自己的星辰，熠熠生輝，照亮自己與他人。**學會放下，不再試圖控制。

過去的我，認為放下是一種敢對自己「狠」的自尊維護，不在意的人最大，情緒再也不受到干擾。更因為「親自下手」，免於受制於人、一顆心懸著的等待，於是這樣的「狠」總讓我面對糾結時能瞬間翻篇。雖然快速有效，但內心底層卻充滿了冷漠與迴避，甚至是確保自己是主導者的控制慾。

如今，我面對放下，已不再是用從前耍狠的方式，而是多了理解與臣服的眼光，溫柔看待關係與萬事的變化。

「放下」其實不一定是種否定，不需要逼迫或對自己耍狠，「放下」是「超越」，並非粗暴的切割丟棄，而是從內心「超越」執著的人事物。理解一切都不需要掌控，不再升起因為不如所望而感到失落的情緒。

這份「超越」所指的是，你會明白外界的一切感受與情緒是源於自我的投射，會把注意力放回自己身上，並勇敢接受目前不明朗的狀況，替自己的內在清出一個空間，把一切交給時間。

對慾念緊抓著不放，反而會加速變質與彼此窒息的速度，於是願意鬆手，讓緣分決定未來走向；深知人事物不會恆久停留在某一種樣態，人有各自的追尋是極為合理的事，其中沒有冷漠與恐懼，而是尊重與祝福。

由此學會洞察，知道有哪些事情值得堅持下去，但哪些事又會帶來過多的負面執著與束縛；學會退一步，再鬆手，主動拉出距離看清全局；願意順應當下，不再認為這是一種失去，並發自內心感謝暗夜帶來的智慧。

悄悄話

放下不一定是終點，放下也不代表放棄。更多的可能，它會是一個美好的新開始。

不再需要狠狠的逼，而是溫柔的懂。對自己與他人都是。

08 不愛了，怎麼了嗎？

「愛會消失，也會再次出現。
只要我們願意看見，愛時刻都在心裡，不需要恐懼眼前的得失。」

為什麼本來好好的感情，會瞬間走到斷崖式分手？明明昨天都還一如往昔的甜蜜，為什麼轉眼變成像陌生人般的決絕？真正愛一個人，真的可以說不愛就不愛嗎？

每當這種狀況發生，被突然間留在原地的人，會遭遇宛如五雷轟頂的天崩地裂，很難接受自己竟會被這樣對待。認清現實並接納現況，讓痛苦像流水一樣經過全身，會發現其實那些痛苦的來源，是因為我們無法接受自己是不被愛的。

這個不被愛的感受，就像整個人從高空下墜的粉碎，對整個人自我價值的否定，讓你質疑整段關係的美好，都只是自己的幻覺。尤其是當另一方把情感毀滅的責任，歸咎於我們一手造成的，分手時並沒有好好告別，那種創傷與痛苦會更加劇烈。

從演化的角度可以發現，動物的情緒與生存有關，例如，當家中寵物受到驚嚇、誤以為被攻擊時，牠們會六親不認的狠咬你一口。人類當然也是。我們的情緒與「是否被愛」有關，人類是群居動物，當能夠感到被愛，意味著得到安全感與舒適穩定的生活；反之，和小動物一樣變成下意識的兇猛掀齒模式。

現代人已經很少受到生存威脅，但演化過程內建的「不被愛就會無法生存」的恐懼，仍然像血液般流淌在我們的身體裡。

當我們不被愛或是感受不到愛的時候，這份恐懼與焦慮就會被喚醒，為了證明自己值得被愛，人們會透過各種情緒發起抗議，渴望以此引起對方的關注。實際上，「不被愛」的感受恰好是讓我們學習更愛自己，讓內在靈魂升級的時機。

過度糾結不被愛的不適感，會讓許多人因為分手分得不愉快，轉頭把過往擁有過的美好與開心全都打翻。好像那個先不愛的人，徹頭徹尾都很爛，一切都是自己瞎了眼。

如果你已足夠愛自己，便能坦然接受對方不愛自己。你不會盲目的替自己與對方找藉口，欺騙自己對方還是愛著我，所以苦苦的痴等對方回來。

世上一切的關係都是流動的，人心也是複雜的，我們無法去真正獨占誰，或是過度寄望對方要一直給予我們愛。

坦然接受愛會消逝，世上唯一不變的是人都善變，我們都有可能不愛誰，或成為不被愛的一方。不被愛了，真的不是世界末日。只需要淡淡的和對方說聲：「好，我知道了。」

當我們能平靜面對自己不被愛，不再想要占有，鼓足勇氣面對那些扎在心上的碎片時，這個時候，真正愛的能力就展開了。

悄悄話

「所以愛會消失的，對嗎？」我想答案是肯定的。

愛會消失，也會再次出現，生生滅滅是世間的定律。愛會昇華，只要願意看見，它時刻都在心裡，不需要恐懼眼前的得失。

愛情是一種感情，不是永恆的保障。有人認爲，變心甚至不需要被譴責，因爲你我都很有可能在一段不開心的關係裡，消耗掉愛情的餘額。雖然道理我們都懂，但如何才能從不被愛的感受裡解脫出來呢？

當你感覺被「不被愛」的悲傷籠罩時，可以做下列幾個練習：

1. 練習感恩，寫出十條值得感謝的事情。

2. 練習靠自己給予自己喜悅。
3. 練習成爲那個給予愛的人。
4. 明白自己本質上就是被愛著的，無需外求。

09

相信對方已經盡力了

「眞正溫柔強大、過得悠然舒心的人，
會以寬廣視角去理解問題，並出自眞心放過別人。」

「妳為什麼總把理解他人，優先於妳自己受的傷？」

「因為理解後，就不會那麼傷。」

愛情裡的真心理解，是一種真正的溫柔。

當我們在一段關係裡受了傷，我發現有一個很好的自癒思維是：「相信對方盡力了，不是故意的」、「看到每個人都有愛人能力的局限」這兩個關鍵想法。

我在過去關係中與對方產生爭執時，經常會糾結於「你如果愛我，就應該要做到說話算話」、「你如果愛我，當我傷心時就應該停下來哄我」、「你如果真心想挽回我，現在就應該竭盡所能的補償」上述這些想法，往往讓我心中充滿委屈，揣測對方的心態肯定是「明明可以做到，但卻不願意，那就等於不愛，我們不適合」這樣的判斷不停地折磨自己與對方。

風水輪流轉，人要開悟總是得親身經歷角色交換才能體會。過去總會任性要求交往對象要極致懂我，按照我的方式來愛我。在上一段感情中遇到的對象M，恰巧也是會站在「你如果愛我，就應該如何」這個制高標準審視我的人。相處的過程中，他會在許多看似極為渺小的事情上，突然產生情緒化的暴怒。

例如，吃飯時我沒有先將外賣的湯倒出來，擺好碗筷，會認為我故意不在乎他，不把照顧他的需求視為優先，看不見他來接我的疲累，所以我不夠貼心；當我正在參加朋友婚禮，喝喜酒喝到一半時，要求我立刻結束手邊行程去找他，否則我就是只顧自己，認為朋友比較重要，漠視他；爭執發生時，不讓我發表自己的意見，不接受我任何的觀點，有相反的想法就是在「辯解」

就是「自私」。

當然，關係的塑成，其實是兩個人的責任，部分原因也是源自於我以前需要被當成「第一優先」來對待的習慣，才讓這種方式的愛，讓兩人後續都感到窒息。我發現，他身上的那些尖刺，其實我也有。

只有當自己身在其中後，才驚覺到，原來以前我那樣的認知，在很多時刻十分傷人，也給對方帶來被否定的挫敗感，進而傷害關係。

身陷關係低谷期的時候，通常兩人之間都夾帶著大量的期待破碎、說好的承諾沒有兌現、信任的一切在轉瞬間崩塌。

此時，會很直接的想：「要是對方可以理解就好了」、「要是對方可以更盡力，我們的關係也不至於走到這樣」、「要是對方不要那麼情緒化，我們也不會有這麼多的爭執」、「要是對方可以誠實不欺瞞，我也不會有這麼多的不安全感」。

正是因為這些想法在心中發酵，變成讓我們感到被辜負與不甘心的複雜物質，不斷地侵蝕內心。

事實上，每個人都是獨立的個體，在關係中也都有獨特的價值觀。例如，有些人喜歡隨時報備分享；有些人則會感到壓力，能夠做到一點點就已經是最大的努力了。若是成熟的感情，便應學會適時放寬自己認定的準則，找出兩人都可以感到舒適的方法，而不是逼迫對方一定要做到，或把對方做不到視為對自己的攻擊。請相信，對方真的已經「盡力了」。

「每個人都有愛人能力的局限」，也是一種能讓自己從不舒服感受中解脫出來、放寬心的認知。當你明白人人對於愛的看法都不同，有人認為靜靜陪伴就是愛，有人認為全然的忠誠專一才是愛，有的人則認為愛是自由自在的完全接納。每個人都不一樣。

我們在生命的不同時期，對於愛的想法也會有各種變化，當與對方不同步的時候，也不存在誰辜負了誰。

記得小時候，某次與家人搭車，司機刻意繞了好遠、好遠的路，下車時的車資是平時的翻倍。

我正感到不平想要爭取，卻被爸爸揮手示意制止。

我皺眉，心裡滿是困惑：「他故意繞了很遠的路，為什麼我們要算了？」

爸爸說：「因為我們無法認定人家是故意的，我覺得沒有；就算他故意，他也有故意的理由，過得很辛苦的人才要這樣生活與掠奪，妳沒看到他前座小孩的照片對不對？他是辛苦人，我們有必要為了小事不開心嗎？他也平安送我們到家了，那些錢也許幫了他，不也是美事一樁？」

曾經感到不解與憤怒，覺得無法苟同，為什麼世界這麼不公平，不對的事就是不對，如果讓小人橫行，那究竟什麼是正義？

長大後才發現，世界本就很難做到絕對的公平。因為每個人的行為背後，都有我們無法片面理解的脈絡。有些人的世界從沒見過真誠，自然無法正確理解如何坦承；有些人的世界從沒見過純粹的善良，他學不會同理別人，在他的世界只習得了操控別人來保護自己。

有些人的世界沒有見過愛，沒遇過安全感，於是他長滿了刺、成為雙面刃，尖銳的刺傷別人也孤立自己，或是他給出的愛就是充滿刺的，這便是他所「認知的愛」。

我們能說，這是故意嗎？

真正溫柔強大、過得悠然舒心的人，會以寬廣視角去理解問題，並出自真心放過別人。**成熟就是明白有些事，不一定要較眞，是一種放下的超然。**

如果，有人不經意用欺騙的方式掠奪了你的真心與愛，帶你繞了好遠好遠的路，一路上兜兜轉轉、暈眩迷茫，就讓他拿去，分他一些吧！

因為這代表你擁有很多、很多的愛，知道嗎？

悄悄話

愛情裡最讓人無法釋懷的，莫過於遺憾。

我們會不斷回溯過往的美好，認爲要是當時可以如何，是否一切結果就會有所不同？

治療遺憾最好的解藥，就是發自內心告訴自己，彼此都盡力了，我們都非常勇敢的愛過。

10

和全新的自己相遇

「生命有時很像隧道，你必須勇敢的穿越到另外一端，有時幸運的有人結伴，更多時候，需要獨自前行。」

搭上飛往清邁的班機，我靠在機窗上，凝視窗外飄過的雲層，回想這兩年來在愛情裡的冒險與境遇。發現所走的每一步，都通往與過去從未想過的自己，一路相識。

過去的我，肯定沒想過自己會在婚期將至的幾週前，果斷放棄可以給予我舒適安穩的感情，選擇那段困難的、為了完滿自我的追尋之路，踏入學習真正愛人與被愛的考場。

肯定也沒想過，一直以來，面對情感中的困難與挑戰，總是選擇繞道或大量使用套路的我，會深陷一段透澈撕裂自我、地獄之火般困頓的情感關係中。像在玩密室逃脫，深刻向內解謎，拆解後才能解開一道道的門；內在的蛻變，是一場無形的旅程，悄然穿越過時光，直達自我重塑與新生。

原來，我比自己想像的更勇敢，也更堅定更有韌性。我從怯弱只想依賴的小女孩，成為帶著自己去探索，去對抗那些隱形創傷帶來混亂執念的大人。

幾週前，收到來自多年好友塞滿手機螢幕的語音訊息。我們總會用這樣的方式與對方分享近況，而對方什麼時候聽都可以，一切自由隨興。抽出空擋播放錄音，一條條仔細聽，由衷地替她開心，也打從心底覺得，勇敢的人永遠都會被世界善待。

她說，她與學生時期就相識的男友一路戀愛到結婚，關係長達六年，兩人的生活、工作、交友圈都緊緊綁在一起，她也曾經覺得這樣的安穩就是幸福，也因為她的生活圈在美國，另一半就像是她的家、她的歸屬。

但她漸漸發現，其實兩人內在真正嚮往的生活完全是南轅北轍。她希望兩人可以時不時就轉換國家生活，讓生命充滿新的事物。但另一半的性格習慣安逸與穩定，不喜歡面對任何的改變。由於內在真正追求的生命樣態不一樣了，她不顧家人的不諒解，決定離婚。

「但我覺得，當自身就是那個可以給予自己一切安全感、經濟和喜悅來源的人，離婚這件事並不會真正帶來什麼傷害。」她這麼說著。

回歸單身後，她經歷了完完全全的一個人生活，週末一個人，生日一個人，連聖誕節也一個人。發現，原來一切都沒有想像中那麼困難或可怕，也在不久的後來，遇見了生命裡真正的靈魂伴侶，感受到前所未有的幸福。

而另一位新朋友，則是經歷分手之後，規劃了一個半月的獨自歐洲旅遊，走進每個新的國家、新的文化，遇見的每一個未知都讓她充滿興奮。從她身上，我感受到明亮的生命力，一種閃閃發光的女性魅力。

生命中遇見的每個人，行經過的每段旅程，都會讓我們與全新的自己相遇。信任我們內在本來就具備愛、平靜、喜悅、勇敢的本質，並與它們連結；

當考驗來臨時，坦然接受已經發生的事實，去承認和感受，也不逃避，勇敢的向內抽絲剝繭找尋答案。

試著養成習慣觀察自己每個情緒起伏，與潛意識的思考路徑，並學會斷捨和清空內心空間，**持續對身邊的美好發生保持感恩，用愛與信念給予自己支持，我們將能越活越自在無懼。**

悄悄話

旅行帶來的治癒，是你會發現世界上仍有好多等待親臨的絕美之境，而新的美好記憶，會像大雪覆蓋掉那些陳舊過時、早該代謝的過去，讓一切變得雪白。

生命有時很像隧道，你必須勇敢的穿越到另外一端，有時幸運的有人結伴，但更多時候，你需要獨自前行；而穿越後，便發現一切都不一樣了。

生命的穿越是無法回頭的，我們都會在一次次的經驗與選擇裡，不動聲色的、慢慢更新成不一樣的人，願你我此生永遠都有著朝未知冒險奔跑的無懼。

你是獨一無二，美好且可愛的存在

作　　者　高子翎 Queenie Kao
責任編輯　楊玲宜 ErinYang
責任行銷　朱韻淑 Vina Ju
封面裝幀　張　巖 Chang Yen
版面構成　黃靖芳 Jing Huang
校　　對　鄭世佳 Josephine Cheng

發 行 人　林隆奮 Frank Lin
社　　長　蘇國林 Green Su

總 編 輯　葉怡慧 Carol Yeh
主　　編　鄭世佳 Josephine Cheng
行銷主任　朱韻淑 Vina Ju
業務處長　吳宗庭 Tim Wu
業務主任　蘇倍生 Benson Su
業務專員　鍾依娟 Irina Chung
業務秘書　陳曉琪 Angel Chen
　　　　　莊皓雯 Gia Chuang

發行公司　悅知文化　精誠資訊股份有限公司
地　　址　105台北市松山區復興北路99號12樓
專　　線　(02) 2719-8811
傳　　真　(02) 2719-7980
網　　址　http : //www.delightpress.com.tw
客服信箱　cs@delightpress.com.tw
I S B N　978-626-7406-01-04
建議售價　新台幣３８０元
首版一刷　２０２３年11月
首版三刷　２０２４年1月

國家圖書館出版品預行編目資料

你是獨一無二,美好且可愛的存在/高子翎(Queenie Kao)著. -- 初版. -- 臺北市：悅知文化精誠資訊股份有限公司, 2023.11
面；　公分
ISBN 978-626-7406-01-4(平裝)
1.CST: 自我實現 2.CST: 生活指導 3.CST: 戀愛心理學
177.2　　112018059

建議分類｜心理勵志